新编事业单位会计制度
实务操作指南

事业单位会计实务操作研究组 编写

Xinbian Shiye Danwei Kuaiji Zhidu
Shiwu Caozuo Zhinan

东北财经大学出版社
Dongbei University of Finance & Economics Press
大连

图书在版编目(CIP)数据

新编事业单位会计制度实务操作指南 / 事业单位会计实务操作研究组编写. —大连：东北财经大学出版社，2015.9
ISBN 978-7-5654-2049-8

Ⅰ. 新… Ⅱ. 事… Ⅲ. 单位预算会计-会计制度-中国-指南 Ⅳ. F812.2-62

中国版本图书馆CIP数据核字(2015)第173264号

东北财经大学出版社出版
(大连市黑石礁尖山街217号 邮政编码 116025)
教学支持：(0411) 84710309
营 销 部：(0411) 84710711
总 编 室：(0411) 84710523
网 址：http://www.dufep.cn
读者信箱：dufep@dufe.edu.cn

大连永盛印业有限公司印刷 东北财经大学出版社发行

幅面尺寸：170mm×240mm 字数：179千字 印张：8 3/4 插页：1

2015年9月第1版 2015年9月第1次印刷

责任编辑：包利华 周 慧 李海峰 责任校对：曲 慧
封面设计：冀贵收 版式设计：钟福建

定价：28.00元

本书编写委员会

一、编写委员会

主 任 委 员：李社宁

副主任委员：陈谦民　曾国梅　孙　华　李积文

委　　　员：徐淑凤　邓春涛　余成文　曹文莉　朱维民　张永平

高　琨　王建玲　任　明

二、编写人员

主　编：李积文

副主编：周　莉　邵　敏　曹文莉

前　言

财政部对1997年颁布、实行了15年之久的《事业单位会计制度》进行了全面修订，于2012年12月19日颁布、自2013年1月1日起施行新修订的《事业单位会计制度》（财会〔2012〕22号），要求全国各级各类事业单位实行。与新修订的《事业单位会计制度》配套实行的事业单位财务管理制度还有：财政部发布、自2012年4月1日起施行的新《事业单位财务规则》（财政部令〔2012〕第68号）；财政部发布、自2013年1月1日起施行的新《事业单位会计准则》（财政部令〔2012〕第72号）。

由于新制度较原制度相比变化较大，为配合广大会计人员尽快熟悉事业单位会计制度、正确掌握会计核算要求、熟练使用会计科目，编写组依据最新事业单位会计制度，结合长期实际工作中积累的丰富经验，在对众多不同领域事业单位财会工作进行调研的基础上，编著了这本《新编事业单位会计制度实务操作指南》。

本书完全依据国家最新颁布的《事业单位财务规则》、《事业单位会计准则》和《事业单位会计制度》中所规定的原则和内容编写，同时参照了财政部关于《新旧事业单位会计制度有关衔接问题的处理规定》的相关内容。

编者长年从事事业单位一线会计工作，并长期承担会计人员的"行政事业单位会计实务"的教学工作，深感正确编制会计凭证、准确使用会计科目对整个会计核算工作的重要性。因此，本书对会计理论不做较多阐述，对新制度中保留的、会计核算无变化的会计科目也不做详细介绍，而将新制度中新增加的会计科目，以及核算内容和核算方法有变化的保留科目作为重点内容予以介绍。在编写内容上我们主要通过大量例题，将新制度会计科目核算中应注意的问题、主要账务处理业务、年终结转过程、财务报表形成等内容进行详尽解剖和分析，特别是第八章"会计实务操作案例"，展现了实际工作中从原始凭证的识别、会计业务的分析、会计分录的编制到财务报表形成的完整会计业务流程，让读者在实实在在的会计业务日常核算中，掌握如何正确区分财政补助收支和非财政补助收支、如何对财政补助资金和非财政补助资金进行正确的年终结转，以及如何让这两部分不同资金形成财务报表中不同的内容等实务工作技巧，切实提高事业单位会计人员的实务操作水平。

本书撰写的基本思路和框架由西安中华会计函授学校高级会计师李积文校长拟定，第一至三章由高级会计师周莉撰写，第四至七章由延安大学西安创新学院高级会计师邵敏撰写，第八章由西安中华会计函授学校高级会计师曹文莉撰写。全书由李积文主审，特别邀请西安财经学院李社宁教授、西安市财政局曾国梅处长、孙华处长进行了审阅，在此一并表示感谢。

由于时间仓促，书中难免有疏漏和不尽如人意之处，热切期望专家、学者和广大同行朋友多提宝贵意见。

编　者

2015年8月

目　录

第一章

事业单位会计概述

章节概述

本章作为事业单位会计的铺垫章节，主要介绍了事业单位的性质、事业单位开展活动的基本原则、事业单位的预算管理以及开展预算管理的国库集中支付、国库单一账户体系、公务卡等工具和方式；在此基础上对2012年新事业单位会计制度所涉及的会计科目进行总括介绍，目的在于通过本章学习，让读者能够对事业单位的会计主体及其开展活动的基本财务环境有一概括了解。

第一节　事业单位会计的基本知识

会计是一项实务导向型专业工作，是为会计主体开展业务管理而服务的。会计工作的开展具有很强的政策性和服务性，往往是会计主体贯彻管理思想的工具。不同性质的会计主体，其存在目的、业务内容和管理需求各不相同，这也致使对应的会计工作所应遵循的基本规则和要求有所不同。目前，我国会计工作体系按照会计主体与目的不同分为两大类，如图1-1所示。

- 会计
  - 企业会计：各类企业单位
  - 预算会计
    - 财政总预算会计：各级政府财政部门
    - 行政单位会计：行政单位
      - 主管会计单位
      - 二级会计单位
      - 基层会计单位
    - 事业单位会计：各级各类事业单位

图1-1　我国会计工作体系

一、事业单位概述

事业单位是指国家为了社会公益目的，由国家机关举办或者其他组织利用国有资产举办的，从事教育、科技、文化、卫生等活动的社会服务组织。事业单位一般要接受国家行政机关的领导，要有其组织或机构的表现形式，要成为法人实体。从目前情况来看，事业单位绝大部分由国家出资建立，大多为行政单位的下属机构，也有一部分由民间建立，或由企业集团建立。

事业单位是我国特有的一种社会组织，涉及社会生活的各个方面，与人民群众生活息息相关。国民经济的发展离不开科学技术的发展、离不开高素质人才的培养；人民文化生活的提高、医疗条件的改善、精神文明的进步，都离不开事业单位提供的公共服务。因此，事业单位是整个国民经济和社会发展不可缺少的组成部分。

二、事业单位财务管理的基本原则

事业单位在开展有关事业活动的过程中，必须严格遵守事业单位财务管理制度，依据相关基本原则：

1.执行国家有关法律、法规和财务规章制度；

2.坚持勤俭办事的方针；

3.正确处理事业发展需要和资金供给的关系，社会效益和经济效益的关系，国家、单位和个人三者利益的关系。

事业单位在遵守以上基本原则、做好事业单位财务管理的同时，还需完成以下工作任务：

1.合理编制单位预算，严格按照预算执行，完整、准确地编制单位决算，真实反映单位财务状况；

2.依法组织收入，努力节约支出；

3.建立健全财务制度，加强经济核算、实施绩效评价、提高资金使用效益；

4.加强生产管理、合理配置和有效利用资产，防止资产流失；

5.加强对单位经济活动的财务控制和监督，防范财务风险。

三、事业单位会计核算

事业单位与企业单位相比，其最大的特征就在于企业以经济利益的获取作为其存在的根本目的；事业单位不以营利为目的，而是以直接或间接地为上层建筑、生产建设和人民生活服务为根本目的。因此，企业会计核算最终会落脚于利润的核算、税款的缴纳，而事业单位会计核算则重点落在有关资金的期末结转及是否符合预算要求上。

事业单位会计核算以事业单位的管理要求为基础，以《事业单位会计准则》和《事业单位会计制度》为核算原则，以事业单位所发生的各项经济业务为对象，以借贷记账法为基本方法，记录和反映事业单位的经济活动过程及其结果。

事业单位会计核算的目标是向会计信息的使用者提供与事业单位财务状况、事业成果、预算执行等有关的会计信息，反映事业单位受托责任的履行情况，有助于会计信息使用者进行社会管理、作出经济决策。

事业单位会计核算一般采用收付实现制，部分经济业务或者事项以及行业事业单位的会计核算采用权责发生制的，由财政部在会计制度中具体规定。

事业单位会计要素包括资产、负债、净资产、收入和支出（费用）五大类。会计核算需满足会计恒等式要求，会计恒等式是指会计要素之间基本关系的恒等式，事业单位的会计恒等式表达为：

资产+支出（费用）=负债+净资产+收入

由于事业单位的收入与支出（费用）在年终要结转到净资产里去，所以事业单位的会计恒等式最终可以表达为：

资产=负债+净资产

第二节　事业单位的预算管理

一、事业单位预算的概念和内容

事业单位预算是指事业单位根据事业发展目标和计划编制的年度财务收支计划，它反映了预算年度内事业单位的资金收支规模、业务活动范围以及事业发展目标和计划的规模和方向，是事业单位财务工作的基本依据。

事业单位预算由收入预算和支出预算组成。从预算的内容看，事业单位预算应当包括事业单位全部收入和全部支出预算，即将单位获得的各项收入和可能发生的各项支出，全部纳入预算、统筹安排使用，实行收支统一管理、进而形成一个能够全面反映单位财务收支活动的单位预算体系。

二、事业单位预算管理办法

国家对事业单位实行核定收支、定额或者定项补助、超支不补、结转和结余按规定使用的预算管理办法，遵循最新修订的《预算法》各项要求。

1.核定收支：事业单位应当将全部收入和全部支出统一编制预算，报请主管部门和财政部门核定。主管部门和财政部门根据国家有关政策和财力可能，结合事业特点，事业发展目标和计划，事业单位收支及资产状况，核算事业单位年度预算收支规模。

2.定额或者定项补助：定额补助是根据事业单位收支情况，按照相应标准确定一个总的补助数额；定项补助是根据事业单位收支情况，确定对事业单位的某些支出项目进行补助；对某些事业单位，可以实行定额和定项相结合的补助办法，也可以定额或者定项补助为零。

3.超支不补、结转和结余按规定使用：是指事业单位预算在经主管部门和财政部门按照法定程序核定之后，事业单位预算由单位自求平衡。

4.收入上缴：一般情况下，事业单位收入数量有限，而且不很稳定，可全部用于本单位事业发展，不实行收入上缴办法。但一些事业单位因占有较多的国家资源或者国有资产，或得到国家特殊政策，以及收支归集配比不清等原因，取得的非财政补助收入超出其正常支出较多的，主管部门和财政部门可以对其实行收入上缴办法。收入上缴的办法有两种，即定额上缴或者按比例上缴。

5. 结转和结余按规定使用：结转资金是指当年预算已执行但未完成，或者因故未执行，下一年度需要按照原用途继续使用的资金。结余资金是指当年预算工作目标已完成，或者因故终止，当年剩余的资金。财政结转结余资金的管理，应当按照同级财政部门的规定执行。

三、事业单位预算的编制、审批程序和调整

（一）预算编制

事业单位编制预算时，应根据年度经济社会发展目标、国家宏观调控总体要求和跨年度预算平衡的需要，参考以上一年度预算执行情况、有关绩效评价结果和本年度收支预测，根据预算年度的收入增减因素和措施，以及以前年度结转和结余情况，测算编制收入预算。根据事业发展需要和财力可能以及主管部门对单位预算编制的具体要求，测算编制支出预算。

事业单位预算应当按照量入为出、收支平衡的原则编制，不得编制赤字预算。

事业单位在编制收入预算时应当与经济社会发展水平相适应，与财政政策相衔接，应注意以下几点：

①要划清事业收入和经营收入。将事业单位开展专业业务及其辅助活动中取得的收入列入事业收入，将在专业业务及其辅助活动之外开展非独立核算经营活动取得的收入列入经营收入。

②对各项具体的收入项目，有明确收费标准的，应根据有关业务量按标准计算；没有明确收费标准的，要根据上年执行情况，结合预算年度相关因素的测算编列。

③按照国家规定应当上缴国库或者财政专户的非财政补助收入，不计入事业收入。从国库或者财政专户核准拨给事业单位的非财政补助收入计入事业收入。因此，纳入事业单位收支预算的只是从国库或者财政专户核准拨给事业单位的非财政补助收入。

事业单位编制支出预算应贯彻勤俭节约的原则，统筹兼顾，应注意以下几点：

①事业单位支出预算由事业支出、经营支出、对附属单位补助支出、上缴上级支出和其他支出组成。

②事业支出与事业收入不是配比关系，而经营支出与经营收入是配比关系。

③编制支出预算中的项目支出预算时，应当符合国家有关政策、符合财政资金支持方向和供给范围，属于本单位履行职能和促进事业发展需要安排的项目。

（二）审批程序

事业单位预算编报和审批程序一般采用“两上、两下”的方法确定，根据年度事业发展目标和计划以及预算编制的规定，提出预算建议数，上报主管部门（即一上）；主管部门审核汇总后报财政部门，由财政部门下达预算控制数（即一下）；事业单位根据财政部门下达的预算控制数编报正式预算上报（即二上）；经主管部门

审核汇总后再报财政部门，经法定程序审核批复后再下发各事业单位执行（即二下）。

经本级政府财政部门批复的部门预算包含事业单位的预算，而部门预算应当在批复后20日内由各部门向社会公开。

（三）预算调整

事业单位应当严格执行批准的预算。预算执行中，国家对财政补助收入和财政专户管理资金的预算一般不予调整。上级下达的事业计划有较大调整，或者根据国家有关政策增加或者减少支出，对预算执行影响较大时，事业单位应当经上级主管部门审核后报财政部门调整预算。财政补助收入和财政专户管理资金以外部分的预算需要调增或者调减的，由单位自行调整并报主管部门和财政部门备案。

第三节　国库集中支付制度

一、国库集中支付制度的概念

为了提高预算管理水平，有利于财政资金的统一调度，提高财政资金的使用效率，新的《事业单位财务规则》要求事业单位应当严格执行国库集中支付制度和政府采购制度等有关规定。

国库集中支付制度是指国家对行政事业单位实行国库单一账户体系，即行政事业单位的所有支出均由国库单一账户直接支付到商品劳务供应者或用款单位的一项国库管理制度。在国库单一账户体系中，各事业单位的经费不再层层转拨，而是由财政部门按预算核定的预算计划，直接将资金划到个人或者收款单位的账户上，或按月下达预算用款额度，各事业单位在用款额度内安排当月支出。

二、国库单一账户体系

我国为了保障财政国库集中支付系统的顺利实施，在财政系统采用国库单一账户体系对财政资金进行集中管理，以确保财政资金的安全、完整和合理使用。

财政部门是持有和管理国库单一账户体系的职能部门，任何单位不得擅自设立、变更或者撤销国库单一账户体系中的各类银行账户。中国人民银行按照有关规定，加强对国库单一账户和代理银行的监督管理。这里所指的代理银行，是指由财政部门确定的，具体办理财政资金支付业务的商业银行。

国库单一账户体系是指实行财政国库集中支付后，用于所有财政性资金收支核算管理的账户体系，用于记录、核算和反映纳入预算管理的财政收入和支出活动，并用于同财政部门在商业银行开设的零余额账户进行清算，实现支付。其账户体系见表1-1。

三、财政收入缴库方式

在国库集中支付之下，财政收入的缴纳方式也发生了一些变化，其现行的收缴方式主要包括：直接缴库（主要方式）和集中汇缴（次要方式）。

其中，直接缴库方式是指预算收入均由缴纳单位在其机构所在地，通过其开户

表 1-1

账户体系

账户名称	国库存款账户（国库单一账户）	财政部门零余额账户	预算部门零余额账户	财政汇缴零余额账户（财政汇缴专户）	预算外资金（财政专户）	小额现金账户	特殊专户（特设账户）
开户单位	财政部门	财政部门（按资金使用性质开设）	财政部门				预算单位（国务院和省级人民政府批准或者授权财政部门批准）
开户行	中国人民银行	商业银行					
使用单位	财政部门	财政部门	预算单位（行政、事业单位）	执收单位	财政部门	预算单位（行政、事业单位）	预算单位（行政、事业单位）
使用范围	1. 用于记录、核算和反映纳入预算管理的财政收入和支出活动 2. 用于同财政部门在商业银行开设的零余额账户进行清算，实现支付	1. 用于财政直接支付 2. 国库单一账户进行清算 3. 不得提现	1. 财政授权支付 2. 国库单一账户进行清算 3. 可办理转账和提现 4. 可以向本单位按照账户管理规定保留的相应账户划拨：工会经费、住房公积金、提租补贴以及经财政部门批准的其他特殊款项 4. 不得违反规定向本单位其他账户和上级主管部门和下级所属部门划拨资金	非税收入收缴	用于记录、核算和反映预算外资金的收支和清算	用于预算单位的小额零星支出	1. 用于记录、核算和反映预算单位的特殊专项支出活动 2. 用于国库单一账户实现支付
特点		年底清空	当日结算，年底清零				
性质		专用存款账户		专用存款账户			
设立条件		需由同级财政部门批准开立，并出具证明文件，由开户行报经中国人民银行核准后核发开户许可证					

银行，以转账的方式向当地国库办理缴款。这种方式主要适用于税收和社会保障款缴纳。

集中汇缴方式是指由征收机关和依法享受征收权限的单位按照相关法律的规定，将所收取的预算收入汇总缴入国库单一账户。这种方式主要适用于小额零散税收和法律有所规定的其他零星收入。

四、国库集中支付的方式

国库集中支付包括财政直接支付和财政授权支付两种方式。

（一）财政直接支付

财政直接支付是指事业单位按照批复的部门预算和资金使用计划，向财政部门提出支付申请，财政部门对单位的支付申请审核无误后，开具“财政直接支付凭证”，即由财政部门向代理银行签发支付令，代理银行根据支付令通过国库单一账户将资金直接支付到收款人（商品或者劳务供应商）或用款单位（申请和使用财政资金的单位）的账户。具体流程如图1-2所示。

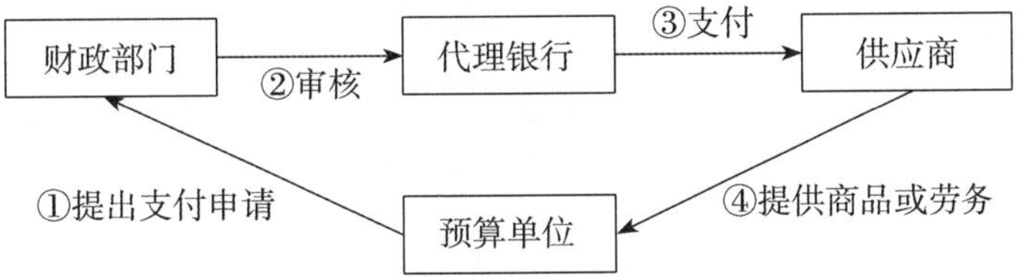

图1-2　财政直接支付流程图

（二）财政授权支付

财政授权支付是指事业单位按照财政部门的授权，向代理银行签发支付令，代理银行根据支付令，在财政部门批准的用款额度内，通过国库单一账户将资金支付到收款人账户。具体流程如图1-3所示。

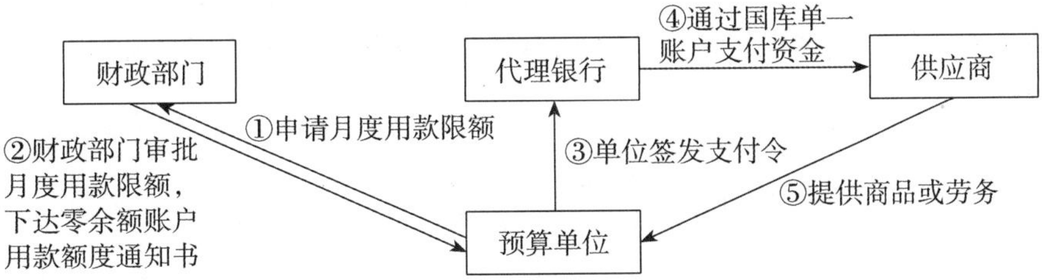

图1-3　财政授权支付流程图

财政授权用款额度就是在财政授权支付方式下，财政部门给各事业单位下达的用款额度。财政部门为各事业单位在商业银行开设零余额账户，用于反映财政授权用款额度的下达、使用情况，事业单位授权支用额度时，填制财政部门统一监制的“财政授权支付凭证”送代理银行，代理银行根据“财政授权支付凭证”通过事业单位零余额账户办理资金支付。

五、公务卡

公务卡是一种仅由国家行政及事业单位工作人员才可以持有，可用于日常公务支出及财务报销业务，并兼顾私人消费的信用卡。在国家相关部门的推广之下，公务卡现已得到了广泛使用。公务卡日常业务处理及财务处理流程如图1-4所示。

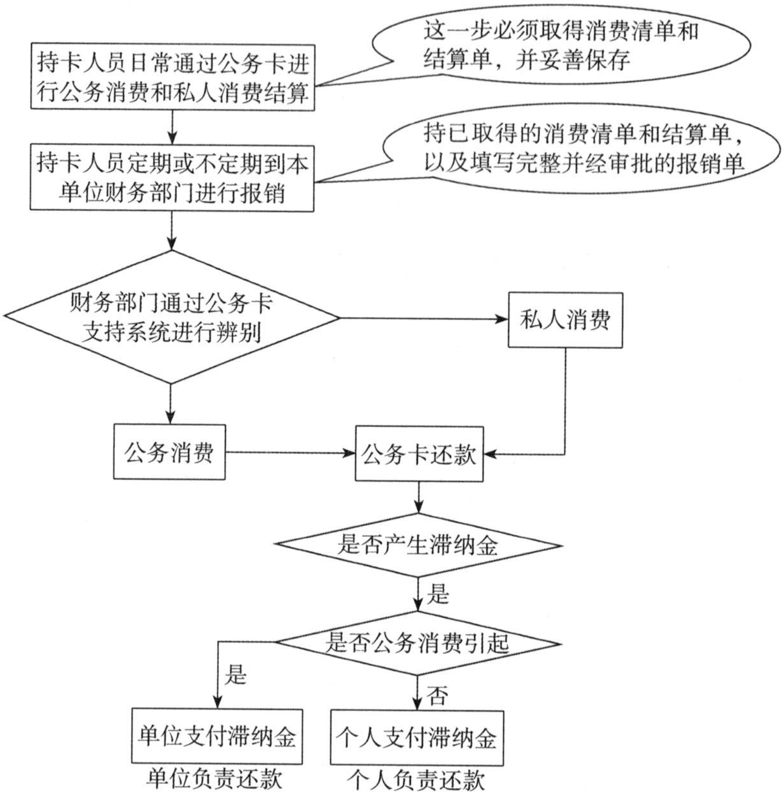

图1-4　公务卡日常业务处理及财务处理流程图

公务卡在进行报销之前无需进行任何账务处理，仅在持卡人员进行报销之后进行一笔账务处理，根据报销的金额借记有关支出类科目，贷记“零余额账款用户额度”科目。

第四节　事业单位会计科目设置

事业单位会计核算的方法包括设置会计科目、记账方法选择、会计凭证填制与审核、会计账簿登记、收支计算和财务报表编制等。本书重点介绍事业单位会计科目的设置和使用方法。

会计科目是对会计核算对象进行的进一步分类，是会计要素的具体化和细化，是设置会计账户的依据。

新的事业单位会计制度统一规定了事业单位的总账科目名称及其编号，具体见表1-2。事业单位应按照事业单位会计制度的规定设置和使用会计科目，不需用的会计科目可以不设置。

表 1-2　**事业单位会计科目表（共计48个科目）**

类别	序号	编号	科目名称	核算内容
资产类（17个）	1	1001	库存现金	核算单位的库存现金
	2	1002	银行存款	核算单位存入银行或其他金融机构的各种存款
	3	1011	零余额账户用款额度	核算实行国库集中支付的单位根据财政部门的批复与用款计划收到和支用的零余额账户用款额度
	4	1101	短期投资	核算单位依法取得的、持有时间不超过1年的投资，主要是国债投资
	5	1201	财政应返还额度	核算实行国库集中支付的单位应收财政返还的资金额度
	6	1211	应收票据	核算单位因开展经营活动销售产品、提供有偿服务等而收到的商业汇票，包括银行承兑汇票和商业承兑汇票
	7	1212	应收账款	核算单位因开展经营活动销售产品、提供有偿服务等而应收取的款项
	8	1213	预付账款	核算单位按照购货、劳务合同规定预付给供应单位的款项
	9	1215	其他应收款	核算除应收账款、预付账款等以外的其他各项应收及暂付款项，如职工的借款、后勤部门的备用金、应向职工收取的代垫款等
	10	1301	存货	核算单位开展业务活动中为耗用而储存的各种材料、燃料、包装物、低值易耗品以及达不到固定资产标准的用具、装具等的实际成本
	11	1401	长期投资	核算单位依法取得的、持有时间超过1年的股权和债权性投资
	12	1501	固定资产	核算单位固定资产的原值
	13	1502	累计折旧	核算单位固定资产计提的折旧额
	14	1511	在建工程	核算单位已经发生必要支出，但尚未完工交付使用的各种建筑（包括新建、改建、扩建及修缮等）和设备安装工程的实际成本
	15	1601	无形资产	核算单位无形资产的原价
	16	1602	累计摊销	核算单位无形资产的累计摊销额
	17	1701	待处置资产损溢	核算单位待处置资产的价值和处置损溢

续表

类别	序号	编号	科目名称	核算内容
负债类（11个）	18	2001	短期借款	核算单位借入期限在1年内（含1年）的各种借款
	19	2101	应缴税费	核算单位按照税法规定应缴纳的各种税费，包括营业税、增值税、城市维护建设税、教育费附加、车船税、房产税、土地使用税、企业所得税等
	20	2102	应缴国库款	核算单位按照规定应缴入国库的款项（应缴税费除外）
	21	2103	应缴财政专户款	核算单位按规定应缴入财政专户的款项
	22	2201	应付职工薪酬	核算单位按规定应支付职工的以及为职工支付的各种薪酬，包括基本工资、绩效工资、国家统一规定的津贴补贴、社会保险费和住房公积金等
	23	2301	应付票据	核算单位因购买材料、物资等而开出、承兑的商业汇票，包括银行承兑汇票和商业承兑汇票
	24	2302	应付账款	核算单位因购买材料、物资等而应付的款项
	25	2303	预收账款	核算单位按照合同规定预收的款项
	26	2305	其他应付款	核算单位除应缴、应付及预收款项之外的其他各项偿还期在1年内（含1年）的应付及暂收款项
	27	2401	长期借款	核算单位借入的期限超过1年（不含1年）的各种借款
	28	2402	长期应付款	核算单位偿还期超过1年的应付款项，如融资租入固定资产的租赁费、跨年度分期付款购入的固定资产的价款等
净资产类（9个）	29	3001	事业基金	核算单位拥有的非限定用途的净资产，主要为非财政补助结余扣除结余分配后滚存的金额
	30	3101	非流动资产基金	核算单位长期投资、固定资产、在建工程、无形资产等非流动资产占用的金额
	31	3201	专用基金	核算单位按规定提取或者设置的具有专门用途的净资产，主要包括修购基金、职工福利基金等
	32	3301	财政补助结转	核算单位滚存的财政补助结转资金，包括基本支出结转和项目支出结转
	33	3302	财政补助结余	核算单位滚存的财政补助项目支出结余资金
	34	3401	非财政补助结转	核算单位除财政补助收支以外的各专项资金收入与其相关支出相抵后剩余滚存的、需按规定用途使用的结转资金
	35	3402	事业结余	核算单位一定期间除财政补助收支、非财政专项资金收支和经营收支以外各项收支相抵后的余额
	36	3403	经营结余	核算单位一定期间各项经营收支相抵后的余额及弥补以前年度经营亏损后的余额
	37	3404	非财政补助结余分配	核算单位本年度非财政补助结余分配的情况和结果

续表

类别	序号	编号	科目名称	核算内容
收入类（6个）	38	4001	财政补助收入	核算单位从同级财政部门取得的各类财政拨款，包括基本支出补助和项目支出补助
	39	4101	事业收入	核算单位开展专业业务活动及其辅助活动取得的收入
	40	4201	上级补助收入	核算单位从主管部门和上级单位取得的非财政补助收入
	41	4301	附属单位上缴收入	核算单位附属独立核算单位按照有关规定上缴的收入
	42	4401	经营收入	核算单位在专业业务活动及其辅助活动之外开展非独立核算经营活动取得的收入
	43	4501	其他收入	核算单位除财政补助收入、事业收入等以外的各项收入，如投资收益、利息收入、捐赠收入、现金及存货盘盈收入等
支出类（5个）	44	5001	事业支出	核算单位开展专业业务活动及其辅助活动发生的基本支出和项目支出
	45	5101	上缴上级支出	核算单位按照财政部门和主管部门的规定上缴上级单位的支出
	46	5201	对附属单位补助支出	核算单位用财政补助收入以外的收入对附属单位补助发生的支出
	47	5301	经营支出	核算单位在专业业务活动及其辅助活动之外开展非独立核算经营活动发生的支出
	48	5401	其他支出	核算单位除事业支出、上缴上级支出、对附属单位补助支出及经营支出以外的各项支出，包括利息支出、捐赠支出、现金盘亏损失及资产处置损失等

第二章

收入

章节概述

本章对事业单位通过各种筹资渠道和筹资方式所获取收入的会计核算做了重点介绍，从收入的明细科目设置，收入取得的会计核算，月末、年末结转以及特殊收入业务的处理等方面进行了详细讲解。

第一节　收入的概念和内容

一、收入的概念

收入是指事业单位为开展业务及其他活动依法取得的非偿还性资金。事业单位收入概念具有以下几层含义：

1.事业单位的收入是为开展业务及其他活动而取得的

事业单位一般不直接从事物质生产活动，其主要任务是依据国家确定的事业发展方针来开展各项业务及其他活动。由于一般事业单位从事的活动具有非生产性特点，因此，其开展业务活动的支出、费用消耗，需要从财政部门获得财政补助收入，从主管部门和上级单位获得上级补助收入予以补偿。同时，事业单位还可以通过开展有偿服务活动和间接生产经营活动获得事业收入和经营收入、补偿业务活动的费用消耗。

2.事业单位的收入是依法取得的

事业单位取得的收入必须符合国家有关法律、法规和规章制度的规定。比如财政补助收入，事业单位必须按照国家部门预算法规定，经过法定程序审批后方可取得。

3.事业单位的收入是通过多种形式、多种渠道取得的

在社会主义市场经济条件下，事业单位收入来源形式和渠道呈现多样化趋势，

有财政补助收入、上级补助收入、事业收入、经营收入、附属单位上缴收入、投资收益及捐赠收入等。

4.事业单位的收入是非偿还性资金

事业单位取得的各项收入可以用于安排开展业务活动及其他活动，是不需要偿还的，如财政补助收入、上级补助收入及捐赠收入等。事业单位取得的需要偿还的资金，应当作为“负债”处理，不能作为单位的收入处理。

二、收入的内容

事业单位收入包括财政补助收入、事业收入、上级补助收入、附属单位上缴收入、经营收入和其他收入。

1. 财政补助收入

财政补助收入是指事业单位从同级财政部门取得的各类财政拨款，它是事业单位先上报预算并经法定程序批准后方可取得的收入。

2.事业收入

事业收入是指事业单位开展专业业务活动及其辅助活动取得的收入。其中：按照国家有关规定应当上缴国库或者财政专户的资金，不计入事业收入；从财政专户核拨给事业单位的资金和经核准不上缴国库或者财政专户的资金，计入事业收入。

3. 上级补助收入

上级补助收入是指事业单位从主管部门和上级单位取得的非财政补助收入。例如事业单位的主管部门或上级单位用自身组织的收入或集中下级单位的收入拨给事业单位的资金，就列入上级补助收入。

4.附属单位上缴收入

附属单位上缴收入是指事业单位附属独立核算单位按照有关规定上缴的收入。其中，独立核算单位是指具有独立法人资格、独立的财务会计组织体系、独立完整地进行会计核算的单位，包括附属独立核算的事业单位和企业等。

5.经营收入

经营收入是指事业单位在专业业务活动及其辅助活动之外开展非独立核算经营活动而取得的收入。例如科研单位的产品销售收入、工程承包收入、经营服务收入等非独立核算的经营核算收入均应计入经营收入。

6.其他收入

其他收入是指在上述五种收入规定的范围以外的各项收入，包括投资收益、利息收入、捐赠收入等。

事业单位要正确确认各项收入，严格划清各类收入的界限。

需要特别注意的是，事业单位在确认开展专业业务活动取得的收入时，对按规定上缴国库和财政专户的资金，应当按照国库集中收缴的有关规定及时足额上缴，不得隐瞒、滞留、截留、挪用和坐支，也不能作为本单位的事业收入处理，只有待同级财政部门经财政专户拨付本单位使用时，才能作为单位的事业收入予以确认。

第二节 收入的核算

为了正确核算事业单位所取得的各项收入，新制度中设置了六个会计科目，分别是财政补助收入、事业收入、上级补助收入、附属单位上缴收入、经营收入和其他收入，下面分别予以介绍。

一、财政补助收入

财政补助收入是指事业单位从同级财政部门取得的各类财政拨款，包括基本支出补助和项目支出补助。

财政补助收入应当设置“基本支出”和“项目支出”两个明细科目，同时在“基本支出”明细科目下按照“人员经费”和“日常公用经费”进行明细核算。在“项目支出”明细科目下按照具体项目进行明细核算。

收到财政补助收入的核算，依据事业单位收款方式不同而采用不同的核算方式：

（1）实行国库集中支付制度的事业单位以财政直接支付方式收到财政拨款时，借记“事业支出”等科目，贷记“财政补助收入”科目；以财政授权支付方式收到财政拨款时，借记“零余额账户用款额度”科目，贷记“财政补助收入”科目。

（2）未实行国库集中支付制度的事业单位，收到同级财政部门的拨款时，借记“银行存款”科目，贷记“财政补助收入”科目。

期末，将本科目本期发生额转入财政补助结转，借记“财政补助收入”科目，贷记“财政补助结转”科目。期末结转后，本科目应无余额。

现将财政补助收入科目的核算举例说明如下：

【例2-1】某事业单位收到同级财政部门拨款，为日常公用经费，代理银行转来“财政授权支付到账通知书”，所列金额200 000元。会计分录为：

借：零余额账户用款额度　　200 000

　贷：财政补助收入——基本支出（日常公用经费）　　200 000

【例2-2】上述事业单位收到同级财政部门的拨款，为危房修缮费，代理银行转来《财政直接支付到账通知书》，所列金额140 000元。会计分录为：

借：事业支出——项目支出（财政补助支出）　　140 000

　贷：财政补助收入——项目支出（危房修缮）　　140 000

【例2-3】期末，上述事业单位将本月收到的200 000元日常公用经费和140 000元的项目经费进行期末结转。会计分录为：

借：财政补助收入——基本支出（日常公用经费）　　200 000

　　　　　　　　——项目支出（危房修缮）　　140 000

　贷：财政补助结转——基本支出结转（日常公用经费）　　200 000

　　　　　　　　——项目支出结转（危房修缮）　　140 000

提示：

①财政补助收入只用来核算事业单位收到的财政资金，它是事业单位收入科目中唯一用于核算财政资金的科目。

②理解掌握财政直接支付和财政授权支付两种方式下会计核算的不同之处。

③“财政补助收入”科目项下必须设置“基本支出”和“项目支出”两个二级科目，“基本支出”必须按照“人员经费”和“日常公用经费”进行明细核算，“项目支出”必须按不同项目进行明细核算。

④期末，财政补助收入应转入“财政补助结转”科目核算。

二、事业收入

事业收入是指事业单位开展专业业务活动及其辅助活动取得的收入。该科目应当按照事业收入的类别和项目分别进行明细核算。

1.开展专业业务活动及其辅助活动取得收入的核算

取得事业收入时，借记“库存现金”、“银行存款”等科目，贷记“事业收入”科目。

2.采用财政专户返还方式管理的事业收入的核算

①收到应上缴财政专户的款项时，借记“银行存款”等科目，贷记“应缴财政专户款”科目；上缴财政专户时，借记“应缴财政专户款”科目，贷记“银行存款”等科目。

②收到从财政专户返还的资金时，借记“银行存款”等科目，贷记“事业收入”科目。

期末，将本科目本期发生额中的专项资金收入结转到非财政补助结转，借记“事业收入”科目，贷记“非财政补助结转”科目，将本科目本期发生额中的非专项资金收入结转到事业结余，借记“事业收入”科目，贷记“事业结余”科目。

期末结转后，本科目应无余额。

现将事业收入科目的核算举例说明如下：

【例 2-4】某事业单位向A公司提供技术咨询，取得技术服务收入10 000元，现金收讫。会计分录为：

借：库存现金　　10 000

　贷：事业收入——非专项资金收入　　10 000

【例 2-5】上述单位有物价部门颁发的收费许可证，收费项目为环境监测费。该项收费实行收支两条线管理，即先全额上缴财政专户，待财政专户返还后支用。3月2日，该单位收到监测费80 000元，银行存款收讫。3月14日将该款全额上缴财政专户。3月31日该单位收到财政专户返还的监测费50 000元。会计分录为：

（1）3月2日收到监测费时：

借：银行存款　　80 000

　贷：应缴财政专户款　　80 000

（2）3月14日上缴财政专户监测费时：

借：应缴财政专户款 80 000
　贷：银行存款 80 000

(3) 3月31日收到财政专户返还的监测费时：

借：银行存款 50 000
　贷：事业收入——非专项资金收入 50 000

【例2-6】期末，将本月取得的事业收入60 000元进行结转。

会计分录为：

借：事业收入——非专项资金收入 60 000
　贷：事业结余 60 000

提示：

收到应上缴财政专户的款项时不能确认收入，只能用负债类科目进行核算，收到从专户返还的资金时才能确认事业收入。

三、上级补助收入

上级补助收入是指事业单位从主管部门和上级单位取得的非财政补助收入。该科目应当按照发放补助单位、补助项目等进行明细核算。

收到上级补助收入时：借记“银行存款”等科目，贷记“上级补助收入”科目。

期末，将本科目本期发生额中的专项资金收入结转到非财政补助结转，借记“上级补助收入”科目，贷记“非财政补助结转”科目。将本科目本期发生额中的非专项资金收入转入事业结余，借记“上级补助收入”科目，贷记“事业结余”科目。

期末结转后，本科目应无余额。

现将上级补助收入科目的核算举例说明如下：

【例2-7】为弥补第一中学日常公用经费的不足，教育局下拨70 000元补助款，银行存款收讫。第一中学的会计分录为：

借：银行存款 70 000
　贷：上级补助收入——教育局（日常公用经费） 70 000

【例2-8】上述学校收到体育局拨付“学生体质调研”项目经费100 000元，银行存款收讫。会计分录为：

借：银行存款 100 000
　贷：上级补助收入——体育局（学生体质调研） 100 000

【例2-9】月末，上述学校对本月的上级补助收入进行结转。会计分录为：

借：上级补助收入——教育局（日常公用经费） 70 000
　　　　　　　　——体育局（学生体质调研） 100 000
　贷：事业结余 70 000
　　非财政补助结转——体育局（学生体质调研） 100 000

提示：

①上级补助收入核算的是事业单位收到的非财政补助资金，该科目收到的拨款

不在事业单位同级财政部门当年批复的预算之内，这是上级补助收入和财政补助收入的区别所在。

②上级补助收入需分“专项收入”和“非专项收入”两个明细科目进行核算，其中专项收入还要分项目明细核算。

③期末结转时，该科目中的专项收入转到“非财政补助结转”科目，非专项收入转到“事业结余”科目。

四、附属单位上缴收入

附属单位上缴收入核算事业单位附属独立核算单位按照有关规定上缴的收入。该科目应该按照附属单位及缴款项目进行明细核算。

事业单位收到附属单位上缴收入时：借记“银行存款”等科目，贷记“附属单位上缴收入”科目。

期末，将本科目本期发生额中的专项资金收入结转到非财政补助结转，借记“附属单位上缴收入”科目，贷记“非财政补助结转”科目；将本科目本期发生额中的非专项资金收入结转到事业结余，借记“附属单位上缴收入”科目，贷记“事业结余”科目。

期末结转后，本科目应无余额。

现将附属单位上缴收入科目的核算举例说明如下：

【例2-10】某学校收到附属独立核算的A企业按规定上缴的管理费30 000元。会计分录为：

借：银行存款　　30 000
　贷：附属单位上缴收入——A企业　　30 000

【例2-11】月末，上述学校对本月收到的附属单位上缴收入进行结转。会计分录为：

借：附属单位上缴收入——A企业　　30 000
　贷：事业结余　　30 000

五、经营收入

经营收入核算事业单位在专业业务活动及其辅助活动之外开展非独立核算经营活动而取得的收入。该科目应按经营活动类别或项目进行明细核算。

经营收入应当在提供服务或发出存货，同时收讫价款或者取得获取价款的凭据时，按照实际收到或者应收的金额确认收入。

取得经营收入时，借记“银行存款”、“应收账款”等科目，贷记“经营收入”科目。

期末，将本科目本期发生额转入经营结余，借记“经营收入”科目，贷记“经营结余”科目。

期末结转后，本科目应无余额。

现将经营收入科目的核算举例说明如下：

【例2-12】某事业单位有一非独立核算的职工食堂，周末对外营业取得收入

8 000元，现金收讫。会计分录为：

借：库存现金 8 000

　贷：经营收入——食堂 8 000

【例2-13】上述事业单位还有一个非独立核算的车队，本月向外单位提供有偿服务，共取得收入20 000元，银行存款收讫。会计分录为：

借：银行存款 20 000

　贷：经营收入——车队 20 000

【例2-14】月末，上述事业单位对本月的经营收入进行结转。会计分录为：

借：经营收入——食堂 8 000

　　　　　——车队 20 000

　贷：经营结余 28 000

提示：

①事业单位取得的经营收入需向国家缴纳相应税款。

②期末结转时，经营收入进入经营结余科目核算。

六、其他收入

其他收入核算事业单位除财政补助收入、事业收入、上级补助收入、附属单位上缴收入、经营收入以外的各项收入，包括投资收益、利息收入、捐赠收入等。该科目按其他收入的类别、项目等进行明细核算。

取得其他收入时：借记“银行存款”、“库存现金”等科目，贷记“其他收入”科目。

期末，将本科目本期发生额中的专项资金收入结转到非财政补助结转，借记“其他收入”科目，贷记“非财政补助结转”科目；将本科目本期发生额中的非专项资金收入结转到事业结余，借记“其他收入”科目，贷记“事业结余”科目。

期末结转后，本科目应无余额。

现将其他收入科目的核算举例说明如下：

【例2-15】某学校收到B企业捐款200 000元，为贫困生困难补助费，银行收讫。会计分录为：

借：银行存款 200 000

　贷：其他收入——贫困生困难补助 200 000

【例2-16】上述学校本月收到银行利息500元。会计分录为：

借：银行存款 500

　贷：其他收入——利息收入 500

【例2-17】期末，上述学校将本月的其他收入进行结转。会计分录为：

借：其他收入——贫困生困难补助 200 000

　贷：非财政补助结转——贫困生困难补助 200 000

借：其他收入——利息收入 500

　贷：事业结余 500

提示：

①其他收入需分“专项收入”和“非专项收入”两个明细科目进行核算，其中专项收入还要分项目明细核算。

②期末结转时，该科目中的专项收入进入“非财政补助结转”科目核算，非专项收入进入“事业结余”科目核算。

总之，对于事业单位通过各种方式和渠道获取的收入在期末时应按照图 2-1 的方法进行结转。

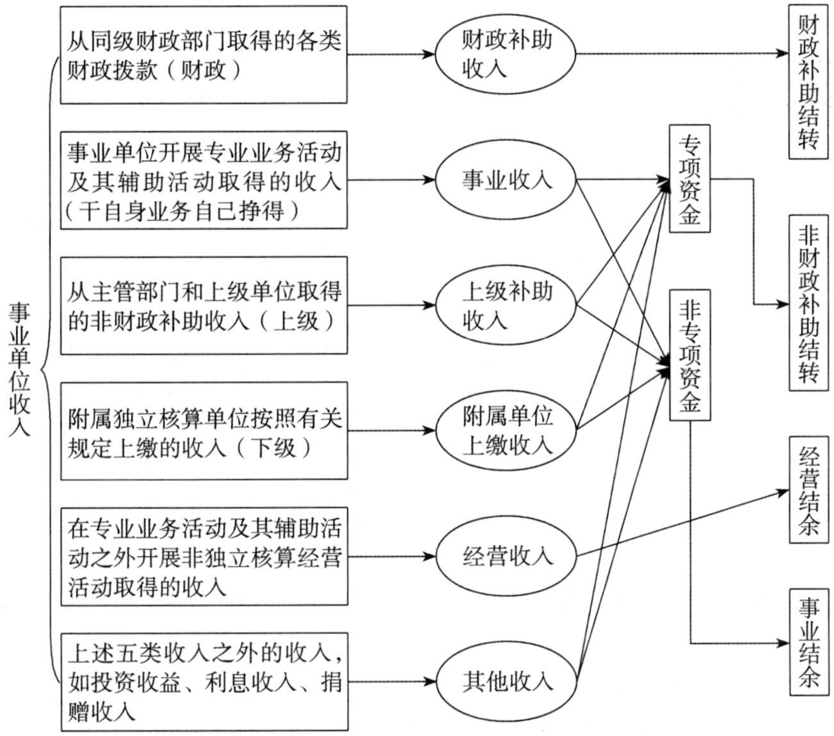

注：期末结转后事业单位各项收入均无余额。

图 2-1　事业单位收入结转方法图

第三章

支出

章节概述

本章对事业单位发生的各项支出的会计核算做了重点介绍，从支出的概念，管理要求，明细科目设置，支出发生的会计核算，月末、年末结转以及特殊支出业务的处理等方面进行了详细讲解。

第一节　支出的概念和内容

事业单位的支出是指事业单位开展业务及其他活动发生的资金耗费和损失。事业单位的支出包括事业支出、对附属单位补助支出、上缴上级支出、经营支出和其他支出。

事业支出是指事业单位开展专业业务活动及其辅助活动发生的基本支出和项目支出。基本支出是指事业单位为了保障其正常运转、完成日常工作任务而发生的人员支出和公用支出；项目支出是指事业单位为了完成特定工作任务和事业发展目标，在基本支出之外所发生的支出。事业支出既是事业单位支出的主要内容和会计核算的主要对象，也是考核事业成果和资金使用效益的重要依据。

对附属单位补助支出是指事业单位用财政补助收入之外的收入对附属单位补助所发生的支出。

上缴上级支出是指事业单位按照财政部门和主管部门的规定上缴上级单位的支出。

经营支出是指事业单位在专业业务活动及其辅助活动之外开展非独立核算经营活动发生的支出。

其他支出是指事业单位除事业支出、对附属单位补助支出、上缴上级支出、经营支出以外的各项支出，包括利息支出、捐赠支出、现金盘亏损失、资产处置损失等。

第二节　支出的管理要求

事业单位的支出涉及面广、项目繁多，尤其新制度对支出核算提出了更高的要求，因此，事业单位在支出管理中应当努力做到：

一、要严格执行国家规定的开支范围和开支标准

事业单位的支出必须按照批准的预算和计划所规定的用途和开支范围办理，不得办理无预算、超预算的支出，也不得以领代报、以拨作支。对国家规定的各项财务制度和费用开支标准，如单位职工的工资、津贴、福利待遇等，事业单位必须认真遵守，不得任意扩大范围和擅自提高标准。

二、要加强各项支出的绩效管理，提高资金的使用效益

事业单位要树立绩效管理的目标和建立绩效管理的理念，不断提高资金使用的有效性，尤其要加强对各项专项资金的管理，对各类专项资金必须专款专用，并按不同项目进行明细核算。

三、事业单位支出必须严格执行国库集中支付制度和政府采购制度等相关规定

各事业单位必须按照要求设立国库单一账户，财政部门按照事业单位的部门预算和执行进度通过单一账户进行拨款。事业单位要根据采购目录和实施条件，对符合采购条件的支出项目编制采购预算，并按批准的政府采购预算进行政府采购，并将政府采购的情况及时向社会公开。

四、要严格界定财政补助支出和其他各项支出，加强财政资金的科学化、精细化管理

事业单位在事业支出中必须设置基本支出和项目支出两个二级科目，同时要在基本支出和项目支出中对财政补助支出和其他各项支出分别进行明细核算，以清晰反映财政资金的支出情况，从而为财政资金的科学化、精细化管理发挥重要的基础性作用。

五、要正确归集和合理分摊经营活动的各项支出

事业单位开展非独立核算经营活动的，应当正确归集开展经营活动发生的各项费用；无法直接归集的，应当按照规定的标准或比例进行合理分摊；尤其要注意的是，事业单位的经营支出必须与其经营收入相配比。

六、加强各类票据管理

事业单位必须依法加强票据管理，确保会计核算、账务处理等财务管理工作中使用的票据来源合法，列示的内容真实可靠，坚决杜绝使用虚假票据。

第三节　支出的核算

为了核算事业单位的支出和费用，新制度共设置了五个会计科目，它们是：事业支出、上缴上级支出、对附属单位补助支出、经营支出和其他支出。

在支出核算中，必须严格区分财政补助支出和非财政补助支出，这五个支出科目中，只有事业支出可以列支财政补助支出，其余四个科目均用来核算非财政补助支出。

一、事业支出

该科目核算事业单位开展专业业务活动及其辅助活动发生的基本支出和项目支出。

事业支出科目应当按照“基本支出”和“项目支出”、“财政补助支出”、“非财政专项资金支出”和“其他资金支出”等进行明细核算，并在“基本支出”和“项目支出”明细科目下按照《政府收支分类科目》中“支出经济分类”的款级科目进行明细核算，同时在“项目支出”明细科目下按照具体项目进行明细核算。

事业单位发生事业支出时，借记“事业支出”科目，贷记有关科目。

（1）计提职工工资等薪酬时，借记“事业支出”科目，贷记“应付职工薪酬”等科目。

（2）从单位库房领用存货时，借记“事业支出”科目，贷记“存货”科目。

（3）开展业务活动发生其他各项支出时，借记“事业支出”科目，贷记“银行存款”、“库存现金”、“零余额账户用款额度”等科目。

期末，将本科目中的财政补助支出本期发生额结转到“财政补助结转”科目，借记“财政补助结转”科目，贷记“事业支出——基本支出（财政补助支出）”科目；将本科目中的非财政专项资金支出本期发生额结转到“非财政补助结转”科目，借记“非财政补助结转”科目，贷记“事业支出——项目支出（非财政专项资金支出）”科目；将本科目中的其他资金支出本期发生额结转到“事业结余”科目，借记“事业结余”科目，贷记“事业支出——基本支出（其他资金支出）”科目。

期末结账后，本科目应无余额。

现将事业支出科目的核算举例说明如下：

【例3-1】事业单位购买办公用品一批，价值1 200元，零余额账户支付。会计分录为：

借：事业支出——基本支出（财政补助支出）　　1 200

　贷：零余额账户用款额度　　1 200

【例3-2】上述单位用主管部门拨付的创新项目资金购买电脑耗材，金额5 400元，银行存款付讫。会计分录为：

借：事业支出——项目支出——非财政专项资金支出（创新项目）

　　5 400

　贷：银行存款　　5 400

【例3-3】上述单位对特困职工进行补助，支付现金6 000元。会计分录为：

借：事业支出——基本支出（其他资金支出）　　6 000

　贷：库存现金　　6 000

【例3-4】月末，上述单位对本月发生的以上事业支出进行结转。会计分录为：

借：财政补助结转——基本支出结转　1 200
　非财政补助结转——创新项目　5 400
　事业结余　6 000
　贷：事业支出——基本支出（财政补助支出）　1 200
　　——项目支出——非财政专项资金支出（创新项目）　5 400
　　——基本支出（其他资金支出）　6 000

提示：

①事业支出可以核算不同性质的资金支出，既可以核算财政补助资金支出，又可以核算非财政补助资金支出。

②为严格划清财政补助资金支出与非财政补助资金支出、专项资金支出和非专项资金支出，事业单位必须按制度规定对事业支出进行多级明细核算。

③期末结转时，事业支出中的财政补助支出，包括基本支出和项目支出，转入“财政补助结转”科目；非财政专项支出转入“非财政补助结转”科目；非财政补助资金中的非专项支出属于其他资金支出，期末转入“事业结余”科目。

二、上缴上级支出

该科目核算事业单位按照财政部门和主管部门的规定上缴上级单位的支出，应按照收缴款项单位、缴款项目等进行明细核算。

按规定将款项上缴上级单位时，按上缴的金额，借记“上缴上级支出”科目，贷记“银行存款”等科目。

期末，将本科目本期发生额转入事业结余，借记“事业结余”科目，贷记“上缴上级支出”科目。

期末结账后，本科目应无余额。

现将上缴上级支出科目的核算举例说明如下：

【例3-5】某事业单位按规定向上级主管部门上缴管理费6 000元，银行存款支付。会计分录为：

借：上缴上级支出——主管局　6 000
　贷：银行存款　6 000

【例3-6】年末，上述单位上缴上级支出科目余额6 000元，进行年终转账。会计分录为：

借：事业结余　6 000
　贷：上缴上级支出——主管局　6 000

三、对附属单位补助支出

该科目核算事业单位用财政补助收入之外的收入对附属单位补助发生的支出。该科目应按照接受补助单位、补助项目等进行明细核算。

发生对下属单位补助支出时，按照实际支出的金额，借记“对附属单位补助支出”科目，贷记“银行存款”等科目。

期末，将该科目本期发生额转入事业结余，借记“事业结余”科目，贷记“对附属单位补助支出”科目。

期末结账后，该科目应无余额。

现将对附属单位补助支出科目的核算举例说明如下：

【例3-7】某事业单位用自有资金补助下属单位8 000元，银行存款支付。会计分录为：

借：对附属单位补助支出　　8 000

　贷：银行存款　　8 000

【例3-8】年末，上述单位“对附属单位补助支出”科目余额为8 000元，进行年终转账。会计分录为：

借：事业结余　　8 000

　贷：对附属单位补助支出　　8 000

四、经营支出

该科目核算事业单位在专业业务活动之外开展非独立核算经营活动发生的支出。

事业单位开展非独立核算经营活动的，应当正确归集开展经营活动发生的各项费用，无法直接归集的，应当按照规定的标准或比例进行合理分摊。

事业单位的经营支出必须与其经营收入相配比。经营支出应当按照经营活动类别、项目等进行明细核算。

发生经营支出时，借记“经营支出”科目，贷记“库存现金”、“银行存款”等科目。

期末，将经营支出的本期发生额转入经营结余，借记“经营结余”科目，贷记“经营支出”科目。

期末结账后，该科目应无余额。

现将经营支出科目的核算举例说明如下：

【例3-9】某事业单位非独立核算的车队进行经营活动，购买汽油1 300元，银行存款支付。会计分录为：

借：经营支出——车队　　1 300

　贷：银行存款　　1 300

【例3-10】期末，经营支出科目余额为1 300元，进行期末转账。会计分录为：

借：经营结余　　1 300

　贷：经营支出　　1 300

提示：

①经营支出必须与经营收入相配备，即取得经营收入时产生的支出应列入经营支出。

②应按不同经营活动项目正确归集各项费用，无法直接归集的，应按规定标准

或比例进行合理分摊。

③期末结转时，经营支出转入“经营结余”科目核算。

五、其他支出

“其他支出”科目是新制度增加的一个科目，该科目核算事业单位除事业支出、上缴上级支出、对附属单位补助支出、经营支出以外的各项支出，包括利息支出、捐赠支出、现金盘亏损失、资产处置损失、接受捐赠（调入）非流动资产发生的税费支出等。

该科目应当按照其他支出的类别进行明细核算。其他支出中如有专项资金支出，还应按照具体项目进行明细核算。

发生其他支出时，借记“其他支出”科目，贷记“银行存款”、“库存现金”等科目。

期末，将本科目中的专项资金支出转入非财政补助结转，借记“非财政补助结转”科目，贷记“其他支出”科目；将本科目中的非专项资金支出转入事业结余，借记“事业结余”科目，贷记“其他支出”科目。

期末结账后，本科目应无余额。

现将其他支出科目的核算举例说明如下：

【例3-11】某事业单位通过银行存款支付一季度借款利息4 360元。会计分录为：

借：其他支出——非专项支出（利息支出）　　4 360

　贷：银行存款　　4 360

【例3-12】上述单位向四川芦山地区捐赠抗震救灾款50 000元，银行存款支付。会计分录为：

借：其他支出——非专项支出（捐赠支出）　　50 000

　贷：银行存款　　50 000

【例3-13】期末，其他支出科目余额为54 360元，均为非专项资金支出，进行期末转账。会计分录为：

借：事业结余　　54 360

　贷：其他支出——非专项支出（捐赠支出）　　50 000

　　　　　　——非专项支出（利息支出）　　4 360

提示：

①其他支出需分“专项支出”和“非专项支出”两个明细科目进行核算，其中专项支出还要分项目明细核算。

②期末结转时，其他支出中的专项支出进入“非财政补助结转”科目核算，非专项支出进入“事业结余”科目核算。

总之，事业单位对于其所发生的各项支出在月末时均应按照图3-1所示的方法进行结转。

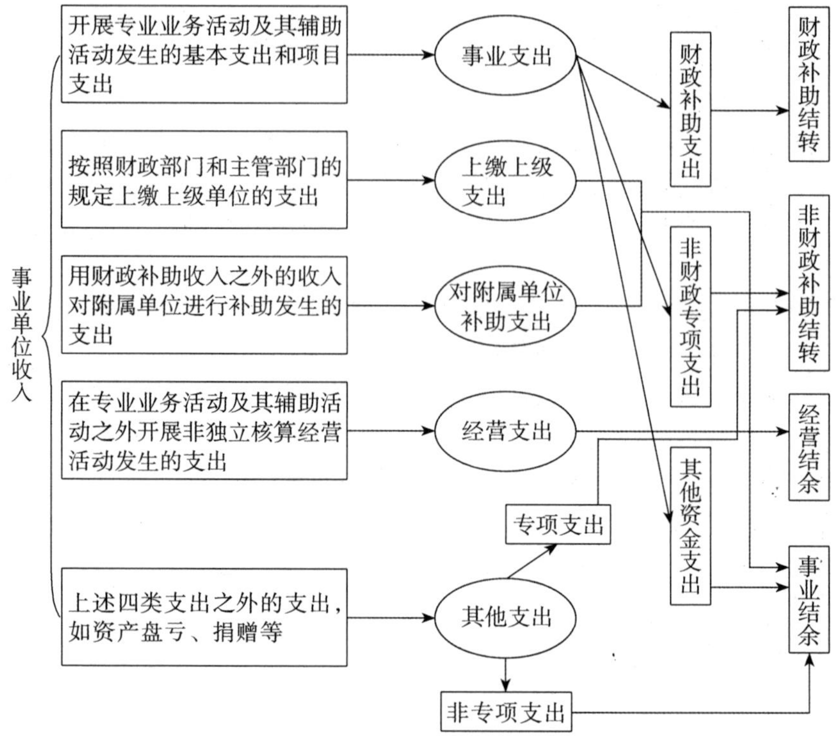

注：期末，支出类科目结账之后均无余额。

图3-1　事业单位支出结转方法图

第四章

资产

章节概述

本章对事业单位资产的概念及其日常业务会计处理进行了详细的介绍，包括资产通过各种方式和渠道取得时、资产在存续期间、资产以各种方式和途径退出事业单位时的账务处理。

第一节　资产的概念和内容

资产是指事业单位占有或者使用的能以货币计量的经济资源，包括各种财产、债权和其他权利。

事业单位的资产按流动性分为流动资产和非流动资产。

流动资产是指可以在1年内（含1年）变现或者耗用的资产，包括货币资金、短期投资、应收及预付款项、存货等。

货币资金是指事业单位拥有的库存现金、银行存款等货币形式的资产，包括库存现金、银行存款、零余额账户用款额度等。

短期投资是指事业单位依法取得的，持有时间不超过1年（含1年）的投资。

应收及预付款项是指事业单位开展业务活动中形成的各项债权，包括财政应返还额度、应收票据、应收账款、其他应收款等应收款项和预付款项。

存货是指事业单位开展业务活动及其他活动中为耗用而储存的资产，包括原材料、燃料、包装物和低值易耗品等。

非流动资产是指流动资产以外的资产，包括长期投资、在建工程、固定资产、无形资产等。

长期投资是指事业单位依法取得的，持有时间超过1年（不含1年）的各种股权和债权性质的投资。

在建工程是指事业单位已经发生必要支出，但尚未完工交付使用的各种建筑（包括新建、改建、扩建、修缮等）和设备安装工程。

固定资产是指使用期限超过1年，单位价值在1 000元以上（其中：专用设备价值在1 500元以上），并在使用过程中基本保持原有物质形态的资产。单位价值虽未达到规定标准，但是耐用时间在1年以上的大批同类物资，作为固定资产管理。

无形资产是指事业单位持有的没有实物形态的可辨认非货币性资产，包括专利权、商标权、著作权、土地使用权、非专利技术等。

第二节 资产的管理

一、流动资产的管理

事业单位应当建立健全现金及各种存款的内部管理制度，对库存现金和存货进行定期或者不定期的清查盘点，保证账实相符，对库存现金和存货盘盈或盘亏应当及时进行处理；对银行存款要定期核对，出现账实不符应及时查找原因，编制银行存款余额调节表。

二、非流动资产的管理

事业单位的固定资产一般分为六类：房屋及构筑物；专用设备；通用设备；文物和陈列品；图书、档案；家具、用具、装具及动植物。事业单位应当对固定资产进行定期或者不定期的清查盘点。年度终了前应当进行一次全面清查盘点，保证账实相符。

事业单位的在建工程达到交付使用状态时，应当按照规定办理工程竣工、财务决算和资产交付使用。

事业单位的无形资产在转让时，应当按照有关规定进行资产评估，取得的收入按照国家有关规定处理。事业单位取得无形资产发生的支出，应当计入事业支出。

三、对外投资的管理

事业单位的对外投资是指事业单位依法利用货币资金、实物、无形资产等方式向其他事业单位的投资。事业单位应当严格控制对外投资，在保证单位正常运转和事业发展的前提下，按照国家有关规定可以对外投资的，应当履行相关审批程序。事业单位不得使用财政拨款及其结余进行对外投资，不得从事股票、期货、基金、企业债券等的投资。

事业单位以非货币性资金对外投资的，应当按照国家有关规定进行资产评估，合理确定资产价值。

四、资产使用、配置和处置的管理

事业单位应当建立健全单位资产管理制度，加强和规范资产配置，使用和处置管理，确保资产安全完整，保障事业健康发展。

事业单位资产处置应当遵循公开、公平、公正和竞争、择优的原则，严格履行相关审批程序。事业单位出租、出借资产，应当按照国家有关规定经主管部门审核同意后报同级财政部门审批。

五、资产的计量管理

事业单位的资产应当按照取得时的实际成本进行计量，除国家另有规定外，事业单位不得自行调整其账面价值。

事业单位的应收及预付款项应当按照取得资产时支付的现金或者现金等价物的金额，或者按照取得资产时所付出的非货币性资产的评估价值等金额计量。

取得资产时没有支付对价的，其计量金额应当按照有关凭据注明的金额加上相关税费、运输费等确定；没有相关凭据的，其计量金额应当比照同类或类似资产的市场价格加上相关税费、运输费等确定；没有相关票据，同类或类似资产的市场价格也无法可靠取得的，所取得的资产应当按照名义金额入账，即以人民币1元入账。

第三节　流动资产的核算

事业单位的流动资产包括货币资金、短期投资、应收及预付款项、存货等。

一、货币资金

事业单位货币资金包括库存现金、银行存款和零余额账户用款额度。

（一）库存现金

该科目核算事业单位的库存现金，事业单位应当严格按照国家现金管理的规定收支现金，并按照事业单位会计制度规定核算现金的各项收支业务。

事业单位应当设置“库存现金日记账”，由出纳人员按照收付款凭证，按照业务发生顺序逐笔登记。每日终了，应当计算当日的现金收入合计数，现金支出合计数和结余数，并将结余数与实际库存数核对，做到账款相符。账款核对中发现现金溢余或短缺的，应当及时进行处理。

本科目期末借方余额，反映事业单位实际持有的库存现金。

现将库存现金科目的核算举例说明如下：

【例4-1】某事业单位从零余额账户提取现金1 000元备用。会计分录为：

借：库存现金　　1 000

　贷：零余额账户用款额度　　1 000

【例4-2】上述单位将业务活动中收到的现金5 000元交银行存款账户。会计分录为：

借：银行存款　　5 000

　贷：库存现金　　5 000

【例4-3】出纳人员2月底盘点现金，发现库存现金较账面多出60元，已无法查明溢余原因，经批准予以调整账务。会计分录为：

借：库存现金　　60

　贷：其他收入　　60

【例4-4】出纳人员4月底盘点现金，发现库存现金较账面少20元，已无法查明原因。经批准进行账务处理。会计分录为：

借：其他支出 20

贷：库存现金 20

提示：

①严格按照国家现金管理规定使用现金。

②要做到六个不准：不准白条抵库，不准坐支现金，不准公款私存，不准设置小金库，不准谎报用途套取现金，不准大额使用现金。

③超过库存限额的现金，尤其是大额现金必须送存银行妥善保管。

④手工账必须使用订本式账簿。

（二）银行存款

该科目核算事业单位存入银行或者其他金融机构的各种存款。

事业单位应当严格按照国家有关支付结算办法的规定办理银行存款收支业务，并按照事业单位会计制度规定核算银行存款的各项收支业务。

事业单位应当按开户银行或其他金融机构，存款种类及货币等，分别设置“银行存款日记账”，由出纳人员根据收付款凭证，按照业务的发生顺序逐笔登记，每日终了应结出余额。“银行存款日记账”应定期与“银行对账单”核对，至少每月核对一次。月度终了，事业单位银行存款账面余额与银行对账单如有差额，必须逐笔查明原因并进行处理，按月编制“银行存款余额调节表”，调节相符。

本科目期末借方余额，反映事业单位实际存放在银行或其他金融机构的款项。

现将银行存款科目的核算举例说明如下：

【例4-5】某事业单位以银行存款购买办公用品一批，价值1 260元。会计分录为：

借：事业支出——基本支出（其他资金支出） 1 260

贷：银行存款 1 260

【例4-6】上述单位职工张亮去深圳开会，电话告知单位差旅费短缺，单位电汇给张亮2 000元，银行存款支付。会计分录为：

借：其他应收款——张亮 2 000

贷：银行存款 2 000

提示：

①银行存款日记账一定要逐笔顺序登记，在任何情况下都不能多笔累计登记。

②单位银行存款日记账要按月与银行对账单进行核对，如有未达账项，必须编制“银行存款余额调节表”进行调节，直到相符为止。

③银行对账单和“银行存款余额调节表”不是做账的依据，不需要作为记账凭证的附件，但却是单位重要的会计档案，必须妥善保存。

④手工账必须使用订本式账簿。

（三）零余额账户用款额度

该科目核算实行国库集中支付的事业单位根据财政部门批复的用款计划，收到和支用的零余额账户用款额度。未实行国库集中支付的单位不用此科目。

国库集中支付方式有两种：一是财政直接支付；二是财政授权支付。只有在财政授权支付方式下，才使用"零余额账户用款额度"科目。

在财政授权支付方式下，收到代理银行盖章的"财政授权支付到账通知书"时，按通知书所列金额，借记本科目，贷记"财政补助收入"科目。

按规定支出额度时，借记"事业支出"等有关科目，贷记本科目。

年度终了，依据代理银行提供的银行对账单作注销额度的相关账务处理，借记"财政应返还额度——财政授权支付"科目，贷记本科目。

下年年初，事业单位依据代理银行提供的额度恢复到账通知书，作恢复额度的相关账务处理，借记本科目，贷记"财政应返还额度——财政授权支付"科目。

年末，该科目应无余额。

现将零余额账户用款额度科目的核算举例说明如下：

【例4-7】事业单位收到财政公用经费拨款，代理银行转来"财政授权支付到账通知书"，所列金额100 000元。会计分录为：

借：零余额账户用款额度　　100 000

　贷：财政补助收入——基本支出（日常公用经费）　　100 000

【例4-8】上述单位支付汽车保险费4 800元，零余额账户支付。会计分录为：

借：事业支出——基本支出（财政补助支出）　　4 800

　贷：零余额账户用款额度　　4 800

【例4-9】年末，上述单位零余额账户有借方余额12 000元，根据规定，额度要注销为零。会计分录为：

借：财政应返还额度——财政授权支付　　12 000

　贷：零余额账户用款额度　　12 000

【例4-10】下年年初，代理银行提供上年额度恢复到账通知书，所列金额为12 000元。会计分录为：

借：零余额账户用款额度　　12 000

　贷：财政应返还额度——财政授权支付　　12 000

提示：

①该科目只在财政授权支付方式下使用，财政直接支付方式不使用该科目。

②该科目核算的是一种用款额度，该额度是财政部门以授权支付方式在当年预算内下达的，仅在当年使用。

③用款额度不像银行存款可以由单位自行决定用多少及何时用，而是要按计划在批准的额度内向财政部门申请使用。

④年末，该科目额度如有余额，应全部注销上缴财政，年末无余额，这也是该

账户被称为“零余额账户”的原因。

二、短期投资

该科目核算事业单位依法取得的、持有时间不超过1年（含1年）的投资，主要是国债投资。

该科目应当按照国债投资的种类等进行明细核算。

进行短期投资时，应当按照其实际成本（包括购买价以及相关税费）作为投资成本，借记“短期投资”科目，贷记“银行存款”等科目。

短期投资持有期间收到利息时，按实际收到的金额，借记“银行存款”科目，贷记“其他收入——投资收益”科目。

出售短期投资或到期收回短期国债本息，按照实际收到的金额，借记“银行存款”科目，按照出售或收回的短期国债的成本，贷记“短期投资”科目，按其差额，贷记或借记“其他收入——投资收益”科目。

该科目期末借方余额，反映事业单位持有的短期投资成本。

现将短期投资科目的核算举例说明如下：

【例4-11】某事业单位购入1年期国债50 000元，年利率为4.5%，银行存款付讫。会计分录为：

借：短期投资——国债	50 000	
贷：银行存款		50 000

【例4-12】上述单位收到1年前购买的国债本息31 260元，其中：本金30 000元，利息1 260元，银行存款收讫。会计分录为：

借：银行存款	31 260	
贷：短期投资——国债		30 000
其他收入——投资收益		1 260

提示：

对外投资是指事业单位依法利用货币资金、实物、无形资产等方式向其他单位的投资，事业单位的对外投资包括短期投资和长期投资，不管是哪种投资都必须注意：

①对外投资必须经主管部门审核，报财政部门审批。

②不得使用财政拨款或财政结余进行对外投资。

③不得从事股票、期货、基金、企业债券等投资。

④以非货币性资产对外投资的，应按照国家规定进行资产评估，合理确定资产价值。

三、应收及预付款项

事业单位的应收及预付款项包括财政应返还额度、应收票据、应收账款、预付账款和其他应收款。

（一）财政应返还额度

该科目核算实行国库集中支付的事业单位应收财政返还的资金额度。不实行国库集中支付的事业单位不用设置此科目。

该科目应当设置“财政直接支付”、“财政授权支付”两个明细科目，进行明细核算。

1.财政直接支付

年度终了，事业单位根据本年度财政直接支付预算指标数与当年财政直接支付实际支出数的差额，借记“财政应返还额度——财政直接支付”科目，贷记“财政补助收入”科目。

下年度恢复财政直接支付额度后，事业单位以财政直接支付方式发生实际支出时，借记有关科目，贷记“财政应返还额度——财政直接支付”科目。

2.财政授权支付

请看“零余额账户用款额度”有关章节。

财政应返还额度科目期末借方余额，反映事业单位应收财政返还的资金额度。

现将财政应返还额度科目的核算举例说明如下：

【例4-13】2014年度终了，某事业单位将本年度财政直接支付预算指标与当年实际支付数进行对比，发现预算数比实际支出数多100 000元，现根据差额做账。会计分录为：

借：财政应返还额度——财政直接支付　　100 000

　贷：财政补助收入　　100 000

【例4-14】2015年1月，上年财政直接支付100 000元额度恢复，1月28日以财政直接支付方式付危房修缮费40 000元。会计分录为：

借：事业支出——项目支出——财政补助支出（危房修缮）　40 000

　贷：财政应返还度额——财政直接支付　　40 000

说明：第二年财政恢复额度时，预算单位不进行任何处理，只有实际直接支付时才进行账务处理。

（二）应收票据

该科目核算事业单位因开展经营活动、销售产品、提供有偿服务等而收到的商业汇票，包括银行承兑汇票和商业承兑汇票。

该科目应当按照开出、承兑商业汇票的单位进行明细核算。

因销售产品、提供服务收到商业汇票，按照商业汇票的票面金额，借记本科目，按照确认的收入金额，贷记“经营收入”等科目，按照应缴增值税金额，贷记“应缴税费——应缴增值税”科目。

持未到期的商业汇票向银行贴现，按照实际收到的金额，借记“银行存款”科目，按照贴现息，借记“经营支出”等科目，按照商业汇票的票面金额，贷记“应收票据”科目。

本科目期末借方余额，反映事业单位持有的商业汇票票面金额。

现将应收票据科目的核算举例说明如下：

【例4-15】某事业单位出售一批产品，售价20 000元，增值税税额为3 400

元，收到一张面值为23 400元、期限为3个月的不带息商业承兑汇票。到期时，收到23 400元，存入银行。会计分录为：

（1）出售产品时：

借：应收票据	23 400	
贷：经营收入		20 000
应缴税费——应缴增值税		3 400

（2）3个月后，应收票据到期时：

借：银行存款	23 400	
贷：应收票据		23 400

【例4-16】承【例4-15】，应收票据为带息票据，票面利率为4%。

（1）出售产品时：

借：应收票据	23 400	
贷：经营收入		20 000
应缴税费——应缴增值税		3 400

（2）三个月后，应收票据到期时：

利息=23 400×4%÷12×3=234（元）

借：银行存款	23 634	
贷：应收票据		23 400
其他收入		234

（三）应收账款

该科目核算事业单位因开展经营活动销售产品，提供有偿服务等而应收取的款项。

该科目应按照购货、接受劳务单位（或个人）进行明细核算。

发生应收账款时，按应收未收金额，借记本科目，按确认的收入金额，贷记“经营收入”等科目，按应缴增值税金额，贷记“应缴税费——应缴增值税”科目。

收回应收账款时，按实际收到的金额，借记“银行存款”等科目，贷记本科目。

本科目期末借方余额，反映事业单位尚未收回的应收账款。

现将应收账款科目的核算举例说明如下：

【例4-17】某事业单位为A公司提供技术服务，应收技术咨询费5 000元，票已开出但款未收到。会计分录为：

借：应收账款——A公司	5 000	
贷：事业收入		5 000

【例4-18】承【例4-17】，A公司转来技术咨询费5 000元，银行存款收讫。会计分录为：

借：银行存款	5 000	
贷：应收账款——A公司		5 000

（四）预付账款

该科目核算事业单位按照购货、劳务合同规定预付给供应单位的款项。该科目应当按照供应单位（或个人）进行明细核算。

发生预付账款时，按照实际预付的金额，借记本科目，贷记“零余额账户用款额度”、“银行存款”等科目。

收到所购物资或劳务，按照购入物资或劳务的成本，借记“事业支出”等科目，按照相应预付账款金额，贷记本科目，按照补付的款项，贷记“零余额账户用款额度”、“银行存款”等科目。

本科目期末借方余额，反映事业单位实际预付但尚未结算的款项。

现将预付账款科目的核算举例说明如下：

【例 4-19】某事业单位向上海供应商汇款20 000元，购买特殊劳保用品一批，银行存款付讫。会计分录为：

借：预付账款——上海供应商　20 000

　贷：银行存款　20 000

【例 4-20】月底上述劳保用品到货，发票金额为68 500元，单位以银行存款再汇48 500元给供应商。会计分录为：

借：事业支出——基本支出（非财政补助支出）　68 500

　贷：预付账款　20 000

　　银行存款　48 500

（五）其他应收款

该科目核算事业单位除财政应返还额度、应收票据、应收账款、预付账款以外的其他各项应收及暂付款项，如职工预借的差旅费，拨付给内部有关部门的备用金，应向职工收取的各种垫付款项等。

该科目应当按照其他应收款项的类别以及债务单位（或个人）进行明细核算。

发生其他各种应收及暂付款项时，借记本科目，贷记“银行存款”、“库存现金”等科目。收回其他各种应收及暂付款项时，借记“库存现金”、“银行存款”等科目，贷记“其他应收款”科目。

本科目期末借方余额，反映事业单位尚未收回的其他应收款项。

现将其他应收款科目的核算举例说明如下：

【例 4-21】某事业单位职工王方出差，借现金1 000元。会计分录为：

借：其他应收款——王方　1 000

　贷：库存现金　1 000

【例 4-22】上述单位缴纳养老保险金8 400元，其中，单位缴纳7 000元，代职工缴纳1 400元，零余额账户支付。会计分录为：

借：事业支出——基本支出（财政补助支出）　7 000

　　其他应收款——职工个人保险　1 400

　贷：零余额账户用款额度　8 400

【例4-23】王方出差归来，报销差旅费1 200元。会计分录为：

借：事业支出——基本支出（财政补助支出） 1 200

贷：其他应收款——王方 1 000

库存现金 200

提示：

应收账款、预付账款和其他应收款科目核算时应注意：

①必须按不同单位或个人分账页进行明细核算。

②每年年末必须核对清理一次，保证总账和明细账数字相符。

③逾期3年或3年以上、有确凿证据表明确实无法收回的应收及预付款项，可按规定程序予以核销，经批准核销的款项应在备查簿中登记。

四、存货

存货核算事业单位在开展业务活动及其他活动中为耗用而储存的各种原材料、燃料、包装物、低值易耗品及达不到固定资产的用具、装具、动植物等的实际成本。

事业单位随买随用的零星办公用品，可以直接列作支出，不通过本科目核算。

本科目应当按照存货的种类、规格、保管地点等进行明细核算。事业单位应当通过明细核算或辅助登记方式，记录取得存货的资金来源（区分财政补助资金、非财政专项资金和其他资金）。

存货取得时，应当按其实际成本入账。

购入的存货，其成本包括买价、相关税费、运输费、装卸费、保险费以及其他相关支出。事业单位按照税法规定属于增值税一般纳税人的，其购进非自用材料所支付的增值税税款不计入材料成本。事业单位属于小规模纳税人的，其购进存货应按实际含税价格计算成本。

购入的存货验收入库，按确定的成本，借记本科目，贷记“银行存款”、“零余额账户用款额度”、“应付账款”等科目。

属于增值税一般纳税人的事业单位购入非自用材料的，按确定的成本，借记本科目，按增值税专用发票上注明的增值税税额，借记“应缴税费——应缴增值税”科目，按实际支付或应付的金额，贷记“银行存款”、“零余额账户用款额度”、“应付账款”等科目。

自行加工的存货，其成本包括耗用的直接材料费用、发生的直接人工费用和按照一定方式分配的与存货加工有关的期间费用。自行加工的存货在加工过程中发生各种费用时，借记“存货——生产成本”科目，贷记“存货（领用材料相关的明细科目）”、“应付职工薪酬”、“银行存款”等科目。加工完成的存货验收入库，按照所发生的实际成本，借记“存货（相关明细科目）”科目、贷记“存货——生产成本”科目。

事业单位接受捐赠、无偿调入的存货，其成本按照有关凭据注明的金额加上相关税费、运输费等确定；没有相关凭据的，其成本比照同类或类似存货的市场价格加上相关税费、运输费等确定；没有相关凭据，同类或类似存货的市场价格也无法可靠取得的，该存货按照名义金额（即人民币1元）入账。接受捐赠、无偿调入的存货验收入库，按确定的成本，借记“存货”科目，按发生的相关说费、运输费等，贷记“银行存款”等科目，按其差额，贷记“其他收入”科目。

按照名义金额入账的存货，按名义金额，借记“存货”科目，贷记“其他收入”科目，按发生的相关税费、运输费等，借记“其他支出”科目，贷记“银行存款”等科目。

存货发出时，应当按照实际情况采用先进先出法、加权平均法等确定发出存货的实际成本，计价方法一经确定，不得随意变更。低值易耗品的成本于领用时一次摊销。

开展业务活动等领用、发出存货，按领用、发出存货的实际成本，借记“事业支出”、“经营支出”等科目，贷记“存货”科目。

对外捐赠、无偿调出存货，盘亏、毁损、报废存货，存货处置中取得的收入和发生的费用，以及存货处置收支相抵后净收入的账务处理等，将在“待处置资产损溢”科目中阐述。

事业单位的存货应当定期进行清查盘点，每年至少盘点一次。对于发生的存货盘盈、盘亏或者报废、毁损，应当及时查明原因，按规定报经批准后进行账务处理。

盘盈的存货，按同类或类似存货的实际成本或市场价格确定入账价值；同类或类似存货的实际成本，市场价格均无法可靠取得的，按名义金额入账。盘盈的存货，按确定的入账价值，借记“存货”科目，贷记“其他收入”科目。

本科目期末借方余额，反映事业单位存货的实际成本。

现将存货科目的核算举例说明如下：

【例4-24】某事业单位购装饰材料一批，对单位会议室装修，材料费287 000元，运费150元，已验收入库，零余额账户支付。会计分录为：

借：存货——装饰材料　　287 150
　贷：零余额账户用款额度　　287 150

【例4-25】承【例4-24】，后勤部门领用装饰材料20 000元。会计分录为：

借：事业支出——项目支出（财政补助支出）　　20 000
　贷：存货——装饰材料　　20 000

【例4-26】某事业单位为一般纳税人，从国美商店购非自用的甲材料一批，已验收入库，发票列示：货款10 000元，增值税税额1 700元，货款未付。会计分录为：

借：存货——甲材料　　10 000
　　应缴税费——应缴增值税（进项税额）　　1 700
　贷：应付账款——国美商店　　11 700

【例4-27】上述单位发出存货成本采用加权平均法，根据以下甲材料期初结余及本月收入、发出资料，计算本月甲材料的发出成本，并作出会计分录：

4月1日，期初结余100千克，单价10元/千克，金额1 000元。

4月5日，购进200千克，单价10.5元/千克，金额2 100元。

4月13日，发出300千克。

4月20日，购进400千克，单价9元/千克，金额3 600元。

4月30日，发出350千克。

$$\text{甲材料发出平均单价}=\frac{\text{期初结存存货成本}+\text{本期收入存货成本}}{\text{期初结存存货数量}+\text{本期收入存货数量}}=\frac{1\ 000+5\ 700}{100+600}=9.57\text{（元/千克）}$$

本月发出甲材料实际成本=9.57×650=6 220.5（元）

会计分录为：

借：事业支出——基本支出（非财政补助支出） 6 220.5

　贷：存货——甲材料 6 220.5

提示：

①存货除设置总账外，还要按照存货的资金性质、种类、规格、保管地点等设置明细账。

②购入存货或领出存货均要办理出入库手续，在填完出入库单上必填的内容外，还须标明存货的资金性质，如：财政资金、某专项资金、其他资金等，以便对不同资金来源的存货进行明细核算。

③事业单位随买随用的零星办公用品，可在购进时直接列作支出，不通过本科目核算。

④对新制度执行以前固定资产中未达标准的资产（即一般设备不满1 000元，专用设备不满1 500元的资产）应在“存货”科目中核算。

⑤发生自行加工存货业务的事业单位，应当在本科目下设置“生产成本”明细科目，归集核算自行加工存货所发生的实际成本（包括耗用的直接材料、直接人工和分配的间接费用）。

第四节　非流动资产的核算

事业单位的非流动资产是指流动资产以外的资产，主要包括长期投资、在建工程、固定资产、无形资产等。

一、长期投资

该科目核算单位依法取得的，持有时间超过1年的股权和债权性质的投资。

该科目应按长期投资的种类和被投资单位等进行明细核算。

（一）长期股权投资

1.取得长期股权投资的核算

（1）以货币资金取得的长期股权投资，按照实际支付的全部价款（包括购买价以及相关税费）作为投资成本，借记本科目，贷记“银行存款”等科目；同时，按照投资成本金额，借记“事业基金”科目，贷记“非流动资产基金——长期投资”科目。

【例 4-28】某事业单位以银行存款100 000元向A公司进行股权投资，期限三年。会计分录为：

借：长期投资——A公司	100 000	
贷：银行存款		100 000
借：事业基金	100 000	
贷：非流动资产基金——长期投资		100 000

（2）以固定资产取得的长期股权投资，按照评估价加上相关税费作为投资成本，借记本科目，贷记“非流动资产基金——长期投资”科目，按发生的相关税费，借记“其他支出”科目，贷记“银行存款”、“应缴税费”等科目；同时，按照投出固定资产对应的非流动资产基金，借记“非流动资产基金——固定资产”科目，按照投出固定资产已计提折旧，借记“累计折旧”科目，按投出固定资产的原值，贷记“固定资产”科目。

【例 4-29】某事业单位以汽车一辆向光明企业进行长期股权投资，汽车评估价150 000元，原价200 000元，已计提折旧30 000元。会计分录为：

借：长期投资——光明企业	150 000	
贷：非流动资产基金——长期投资		150 000
借：非流动资产基金——固定资产	170 000	
累计折旧	30 000	
贷：固定资产——汽车		200 000

（3）以已入账无形资产取得的长期股权投资，按照评估价加上相关税费作为投资成本，借记本科目，贷记“非流动资产基金——长期投资”科目，按发生的相关税费，借记“其他支出”科目，贷记“银行存款”、“应缴税费”等科目；同时，按照投出无形资产对应的非流动资产基金，借记“非流动资产基金——无形资产”科目，按照投出无形资产已计提摊销，借记“累计摊销”科目，按照投出无形资产的原值，贷记“无形资产”科目。

【例 4-30】某事业单位以专利技术向宇恒企业进行长期股权投资，双方协议价为100 000元，投资时发生相关费用1 500元，银行存款支付，该项专利技术账面原值为120 000元，已计提摊销30 000元。会计分录为：

借：长期投资——宇恒企业	100 000	
贷：非流动资产基金——长期投资		100 000
借：其他支出——投资费用	1 500	

贷：银行存款 1 500

借：非流动资产基金——无形资产 90 000

累计摊销 30 000

贷：无形资产——专利技术 120 000

2.持有长期股权投资的核算

长期股权投资持有期间，收到利润等投资收益时，按照实际收到的金额，借记“银行存款”等科目，贷记“其他收入——投资收益”科目。

【例4-31】某事业单位两年前曾以固定资产对卓成公司进行股权投资，现收到卓成公司转来的股利80 000元，银行存款收讫。会计分录为：

借：银行存款 80 000

贷：其他收入——投资收益 80 000

转让长期股权投资以及有确凿证据表明长期股权投资发生损失的账务处理将在“待处置资产损溢”科目中阐述。

（二）长期债券投资

1.取得长期债券投资的核算

以货币资金购入的长期债券投资，按照实际支付的全部价款（包括买价和相关税费）作为投资成本，借记本科目，贷记“银行存款”等科目；同时，按投资成本金额，借记“事业基金”科目，贷记“非流动资产基金——长期投资”科目。

【例4-32】某事业单位以银行存款购买三年期国债70 000元，年利率5%。会计分录为：

借：长期投资——三年期国债 70 000

贷：银行存款 70 000

借：事业基金 70 000

贷：非流动资产基金——长期投资 70 000

2.持有长期债券投资的核算

长期债券投资持有期间收到利息，按实际收到的金额，借记“银行存款”等科目，贷记“其他收入——投资收益”科目。

【例4-33】某事业单位经批准以货币资金购买甲企业五年期国债60 000元，现收到甲企业转来的当年利息3 000元，银行存款收讫。会计分录为：

借：银行存款 3 000

贷：其他收入——投资收益 3 000

3.对外转让或到期收回长期债券投资的核算

对外转让或到期收回长期债券投资本息，按照实际收到的金额，借记“银行存款”等科目，按照收回长期投资的成本，贷记本科目，按照其差额，贷记或借记“其他收入——投资收益”科目；同时，按照收回长期投资对应的非流动资产基金，借记“非流动资产基金——长期投资”科目，贷记“事业基金”科目。

【例4-34】某事业单位两年前购买的甲企业债券50 000元已到期，现收到甲企业转来的本息共计54 000元，其中：长期债券投资成本50 000元，投资收益4 000元，银行存款收讫。会计分录为：

借：银行存款	54 000	
贷：长期投资——甲企业债券		50 000
其他收入——投资收益		4 000
借：非流动资产基金——长期投资	50 000	
贷：事业基金		50 000

本科目期末借方余额，反映事业单位持有的长期投资成本。

二、固定资产和累计折旧

（一）固定资产

该科目核算固定资产的原价。

固定资产是指事业单位持有的使用年限超过1年，单位价值在规定标准以上，并在使用过程中保持原有物质形态的资产。单位价值虽未达到规定标准，但使用期限超过1年的大批同类物资，作为固定资产核算和管理。

新制度对于事业单位固定资产的会计核算有了新的规定。

1.固定资产的入账价值标准

事业单位固定资产的确认标准，由原来的一般设备单价500元以上，专用设备单价800元以上提高到一般设备1 000元以上，专用设备1 500元以上。因此，事业单位要对会计账目上达不到现行标准的固定资产逐一进行核查，并将其和所对应的固定基金金额分别转入“存货”和“事业基金”科目，借记“存货”科目，贷记“固定资产”科目；同时借记“固定基金”科目，贷记“事业基金”科目。

2.固定资产计提折旧的范围

原制度规定事业单位固定资产不计提折旧，固定资产所占用的基金由“固定基金”科目反映，所以固定资产与固定基金的余额永远相等。新制度要求固定资产计提折旧并新增“累计折旧”科目，来反映固定资产的累计折旧额，这种情况下，固定资产将有原值（即账面余额）和净值（即账面价值）之分，“固定资产”科目只核算固定资产的原值，固定资产的净值则由新制度中新增的净资产类科目——“非流动资产基金——固定资产”进行反映。因此，在某项固定资产计提折旧的情况下，则该项资产所对应的非流动资产基金数额，就是它的原值减去已提折旧的余额。

3.应用软件的管理

新制度规定，对于应用软件，如果其是构成相关硬件不可缺少的组成部分，应当将该软件价值包括在所属硬件价值中，一并作为固定资产进行核算；反之，应当将该软件作为无形资产核算。

4.经营租赁租入的固定资产的管理

新制度规定，事业单位以经营租赁租入的固定资产，不作为固定资产核算，应当另设备查簿进行登记。

5.购入需要安装的固定资产的核算

新制度规定，购入需要安装的固定资产，应当先通过“在建工程”科目核算，安装完毕交付使用时再转入固定资产科目核算。

6.按照名义金额（即人民币1元）入账的固定资产核算

新制度规定，接受捐赠，无偿调入的固定资产，其成本按照有关凭据注明的金额加上相关税费、运输费确定；没有相关凭据的，其成本比照同类或类似固定资产的市场价格加上相关税费、运输费等确定；没有相关凭据、同类或类似固定资产的市场价格也无法可靠取得的，该固定资产按照名义金额入账。

7.固定资产的分类及管理

固定资产的分类由原来的房屋和建筑物、专用设备、一般设备、文物和陈列品、图书、其他固定资产等改为现在的房屋及构筑物，专用设备，通用设备，文物和陈列品，图书、档案，家具、用具、装具及动植物。因此，今后要注意档案，家具、用具、装具及动植物也要列入固定资产核算。

事业单位应根据固定资产定义，结合本单位具体情况，制定适合自己单位的固定资产目录、具体分类方法，作为进行固定资产核算的依据。同时应当设置“固定资产登记簿”和“固定资产卡片”，按照固定资产类别，项目和使用部门等进行明细核算。出租出借的固定资产，应当设置备查簿进行登记。

8.固定资产后续支出的处理

新制度规定，为增加固定资产使用效能或延长使用年限的改建、扩建或修缮等后续支出，应当计入固定资产成本，通过“在建工程”科目核算，完工交付使用时转入固定资产。

为维护固定资产的正常使用而发生的日常修理等后续支出，应当计入当期支出但不计入固定资产成本。

本科目期末借方余额，反映事业单位固定资产的原值。

现将固定资产科目的核算举例说明如下：

事业单位固定资产账务处理分为三个不同阶段：固定资产取得、固定资产持有和固定资产处置。固定资产持有和固定资产处置将分别放在“累计折旧”和“待处置资产损溢”科目中阐述，在此我们只介绍固定资产取得的会计核算。

（1）购入固定资产。

购入的固定资产，其成本包括买价、相关税费以及固定资产交付使用前所发生的可归属于该项资产的运输费、装卸费、安装调试费和专业人员服务费等。

以一笔款项购入多项没有单独标价的固定资产，按照各项固定资产同类或类似资产市场价格的比例对总成本进行分配，分别确定各项固定资产的入账成本。

购入不需要安装的固定资产，按照确定的固定资产成本，借记本科目，贷记“非流动资产基金——固定资产”科目；同时，按照实际支付金额，借记“事业支出”等科目，贷记“零余额账户用款额度”、“银行存款”等科目。

【例4-35】某事业单位购入大会议桌一张，金额2 800元，运杂费200元，零余额账户支付。会计分录为：

借：固定资产——会议桌 3 000

贷：非流动资产基金——固定资产 3 000

借：事业支出——基本支出（财政补助支出） 3 000

贷：零余额账户用款额度 3 000

购入需要安装的固定资产，先通过“在建工程”科目核算。安装完工交付使用时，借记本科目，贷记“非流动资产基金——固定资产”科目；同时，借记“非流动资产基金——在建工程”科目，贷记“在建工程”科目。

【例4-36】某事业单位2015年1月10日购买专用设备一台，价款200 000元，已通过财政直接支付方式付款。专用设备需要经过调试安装才能使用，2015年1月17日，专业技术人员对设备进行安装调试，单位通过零余额账户支付专业人员服务费1 000元。2015年1月30日，设备安装完工交付使用。会计分录为：

①2015年1月10日购买设备时：

借：在建工程——专用设备 200 000

贷：非流动资产基金——在建工程 200 000

借：事业支出——项目支出（财政补助支出） 200 000

贷：财政补助收入——项目支出 200 000

②2015年1月17日支付安装调试费时：

借：在建工程——专用设备 1 000

贷：非流动资产基金——在建工程 1 000

借：事业支出——项目支出（财政补助支出） 1 000

贷：零余额账户用款额度 1 000

③2015年1月30日设备调试完工交付使用时：

借：固定资产——专用设备 201 000

贷：非流动资产基金——固定资产 201 000

借：非流动资产基金——在建工程 201 000

贷：在建工程——专用设备 201 000

（2）自行建造固定资产。

自行建造的固定资产，其成本包括建造该项资产至交付使用前所发生的全部必要支出。

工程完工交付使用时，按自行建造过程中发生的实际支出，借记本科目，贷记“非流动资产基金——固定资产”科目；同时，借记“非流动资产基金——在建工程”科目，贷记“在建工程”科目。已交付使用但尚未办理竣工决算手续的固定资产，按照估计价值入账，待确定实际成本后再进行调整。

【例4-37】某事业单位2014年投入资金600 000元，自行建造一座实验室，并于年末办理了竣工决算手续。2015年3月正式交付使用，现根据决算书将此项工程转为固定资产。会计分录为：

借：固定资产——实验室　600 000

　贷：非流动资产基金——固定资产　600 000

借：非流动资产基金——在建工程　600 000

　贷：在建工程——实验室工程　600 000

（3）改建、扩建、修缮后的固定资产。

在原有固定资产基础上进行改建、扩建、修缮后的固定资产，其成本按照原固定资产的净值加上改建、扩建、修缮发生的支出，再扣除固定资产拆除部分的净值后的金额确定。

将固定资产转入改建、扩建、修缮时，按固定资产的净值，借记“在建工程”科目，贷记“非流动资产基金——在建工程”科目；同时，按固定资产净值对应的非流动资产基金，借记“非流动资产基金——固定资产”科目，按固定资产已计提折旧，借记“累计折旧”科目，按固定资产的原值，贷记“固定资产”科目。

工程完工交付使用时，借记本科目，贷记“非流动资产基金——固定资产”科目；同时，借记“非流动资产基金——在建工程”科目，贷记“在建工程”科目。

【例4-38】某事业单位因业务需要，准备将原两层办公用房改建为三层，办公用房原值500 000元，累计折旧140 000元。2014年6月工程开始，2014年年底全部完工，期间支付的材料费、人工费等共计450 000元，均由财政直接支付。2015年2月，该工程正式交付使用，转入固定资产。会计分录为：

①办公用房转入改建时：

借：在建工程——办公用房改建　360 000

　贷：非流动资产基金——在建工程　360 000

借：非流动资产基金——固定资产　360 000

　　累计折旧　140 000

　贷：固定资产——办公用房　500 000

②建期间支付材料费、人工费时：

借：在建工程——办公用房改建　450 000

　贷：非流动资产基金——在建工程　450 000

借：事业支出——项目支出（财政补助支出）　450 000

　贷：财政补助收入——项目支出（办公用房改建）　450 000

③交付使用时：

借：固定资产——办公用房　810 000

　贷：非流动资产基金——固定资产　810 000

借：非流动资产基金——在建工程　810 000

　贷：在建工程——办公用房改建　810 000

（二）累计折旧

该科目核算事业单位固定资产计提的累计折旧额，应当按照所对应固定资产的类别，项目等进行明细核算。累计折旧期末贷方余额，反映事业单位计提的固定资产折旧累计数额。

1.固定资产折旧的计提范围

计提折旧是固定资产持有期间需要做的一个工作，但事业单位的固定资产并不是都需要计提折旧。新制度规定，以下固定资产不需计提折旧：①文物和陈列品；②动植物；③图书、档案；④以名义金额计量的固定资产。

除上述固定资产外，事业单位在折旧年限之内的在用固定资产都要计提折旧。

2.固定资产的折旧年限

事业单位应当根据固定资产的性质和实际使用情况，合理确定其折旧年限。省级以上财政部门、主管部门对事业单位固定资产折旧年限做出规定的，从其规定。

3.固定资产的折旧方法

事业单位一般应当采用年限平均法或工作量法计提固定资产折旧。为简化核算，计提固定资产折旧时不考虑预计净残值。

事业单位一般应当按月计提固定资产折旧。当月增加的固定资产，当月不计提折旧，从下月起计提折旧；当月减少的固定资产，当月照提折旧，从下月起不提折旧。

固定资产提足折旧后，无论能否继续使用，均不再计提折旧；提前报废的固定资产，也不再补提折旧。已提足折旧的固定资产，可以继续使用的，应当继续使用，规范管理。

4.改建、扩建、修缮后固定资产的折旧计提

固定资产因改建、扩建或修缮等原因而延长其使用年限的，应当按照重新确定的固定资产成本和折旧年限，重新计算折旧额。

5.2013年1月1日前取得的固定资产的折旧计提

新制度于2013年1月1日起开始执行，对执行新制度前形成的已达到新的价值标准的固定资产，应当全面逐一核查其原价、已使用年限、尚可使用年限等，并对这些固定资产补提折旧，之后再对这些固定资产按照新制度的规定按月计提折旧。

6.累计折旧的账务处理

按月计提固定资产折旧时，按照应计提的折旧金额，借记“非流动资产基金——固定资产”科目，贷记本科目。

【例4-39】某事业单位采用平均年限法提取固定资产折旧，一台专用设备入账原值为42 000元，预计使用年限为5年，现计提本月该台设备折旧700元。会计分录如下：

借：非流动资产基金——固定资产	700	
贷：累计折旧		700

月折旧额=42 000÷5÷12=700（元）

固定资产发生盘亏、毁损、报废需要处置时，按照所处置固定资产的账面价值（即净值），借记“待处置资产损溢”科目，按照已计提折旧，借记“累计折旧”科目，按照固定资产的账面余额（即原值），贷记“固定资产”科目。

【例4-40】某事业单位经上级批准，将一个不需要的档案柜进行处置，该档案柜原值2 800元，已计提折旧2 000元。会计分录为：

借：待处置资产损溢 800

　　累计折旧 2 000

　贷：固定资产——档案柜 2 800

三、在建工程

该科目核算事业单位已经发生必要支出、但尚未完工交付使用的各种建筑工程（包括新建、改建、扩建、修缮等）和设备安装工程的实际成本。本科目应当按照工程性质和具体工程项目等进行明细核算。“在建工程”科目借方余额，反映事业单位尚未完工的在建工程发生的实际成本。

（一）“在建工程”科目核算重点

（1）事业单位的基本建设投资应当按照国家有关规定单独建账、单独核算，同时按照新制度的规定至少按月并入单位“在建工程”科目及其他相关科目反映。事业单位应当在“在建工程”科目下设置“基建工程”明细科目，核算由基建账套并入的在建工程成本。有关基建并账的具体账务处理国家将另行规定。

（2）“在建工程”科目的发生额和余额与“非流动资产基金——在建工程”科目的发生额和余额始终相等，借贷方向相反。新制度规定，对所有非流动资产所占用的金额均用“非流动资产基金”科目来反映，因此，事业单位在对“在建工程”核算时，切记不要忘记了同时对“非流动资产基金——在建工程”科目的核算。

（3）为在建工程专门借款所支付的利息，属于建设期间发生的，应当计入在建工程成本。

（二）在建工程的具体账务处理

因有关基建并账的具体账务处理国家将另行规定，所以，本书中提到的在建工程项目是指除新建基本建设投资项目之外的改建、扩建、修缮等建筑工程和设备安装工程。

1.建筑工程

将固定资产转入改建、扩建或修缮时，按照固定资产的净值，借记“在建工程”科目，贷记“非流动资产基金——在建工程”科目；同时，按照固定资产所对应的非流动资产基金，借记“非流动资产基金——固定资产”科目，按照已提折旧，借记“累计折旧”科目，按固定资产的原值，贷记“固定资产”科目。

结算工程价款时，按实际支付的工程价款，借记“在建工程”科目，贷记“非流动资产基金——在建工程”科目；同时借记“事业支出”等科目，贷记“银行存款”等科目。

支付工程建设期间的贷款利息时，借记“在建工程”科目，贷记“非流动资产基金——在建工程”科目；同时，借记“其他支出”科目，贷记“银行存款”等科目。

工程完工交付使用时，按照建筑工程发生的实际成本，借记“固定资产”科目，贷记“非流动资产基金——固定资产”科目，同时，借记“非流动资产基金——在建工程”科目，贷记“在建工程”科目。

【例4-41】某事业单位报经财政部门和主管部门批准，对单位的实验室进行扩建，该实验室的账面原值500 000元，已计提折旧280 000元。该项目动工前已支付相关费用16 000元，零余额账户支付。2014年4月正式开工，将实验室转入在建工程。实验室扩建期间，支付各种材料费、人工费等计687 000元，均由财政直接支付。扩建期间支付贷款利息13 000元，银行存款支付。2014年11月，实验室工程验收合格，正式交付使用。会计分录为：

①支付实验室扩建工程前期费用时：

借：在建工程——实验室扩建	16 000	
贷：非流动资产基金——在建工程		16 000
借：事业支出——项目支出（财政补助支出）	16 000	
贷：零余额账户用款额度		16 000

②将实验室转入在建工程时：

借：在建工程——实验室扩建	220 000	
贷：非流动资产基金——在建工程		220 000
借：非流动资产基金——固定资产	220 000	
累计折旧	280 000	
贷：固定资产——实验室		500 000

③付建设期间材料费、人工费时：

借：在建工程——实验室扩建	687 000	
贷：非流动资产基金——在建工程		687 000
借：事业支出——项目支出（财政补助支出）	687 000	
贷：财政补助收入——项目支出		687 000

④支付扩建期间贷款利息时：

借：在建工程——实验室扩建	13 000	
贷：非流动资产基金——在建工程		13 000
借：其他支出——项目支出（财政补助支出）	13 000	
贷：银行存款		13 000

⑤实验室工程正式交付使用时：

借：固定资产	936 000	
贷：非流动资产基金——固定资产		936 000
借：非流动资产基金——在建工程	936 000	
贷：在建工程——实验室扩建		936 000

2.设备安装工程

购入需要安装的设备，按照确定的成本，借记“在建工程”科目，贷记“非流动资产基金——在建工程”科目；同时，按实际支付的金额，借记“事业支出”等科目，贷记“零余额账户用款额度”、“银行存款”等科目。

发生安装费用，借记“在建工程”科目，贷记“非流动资产基金——在建工程”科目；同时，借记“事业支出”等科目，贷记“零余额账户用款额度”等科目。

设备完工交付使用时，借记“固定资产”科目，贷记“非流动资产基金——固定资产”科目；同时，借记“非流动资产基金——在建工程”科目，贷记“在建工程”科目。

【例4-42】某事业单位以专用基金购买一台需要安装的设备，价值54 000元，银行存款支付，2014年7月2日转入在建工程进行安装调试。2014年7月3日从专用基金支付安装调试费700元，现金付讫。2014年7月4日设备正式交付使用。会计分录为：

①购买需要安装的设备先转入在建工程：

借：在建工程——设备安装工程	54 000	
贷：非流动资产基金——在建工程		54 000
借：事业支出——项目支出（财政补助支出）	54 000	
贷：银行存款		54 000

②支付安装调试费时：

借：在建工程——设备安装工程	700	
贷：非流动资产基金——在建工程		700
借：事业支出——项目支出（财政补助支出）	700	
贷：库存现金		700

③设备安装完毕，交付使用时：

借：固定资产——设备	54 700	
贷：非流动资产基金——固定资产		54 700
借：非流动资产基金——在建工程	54 700	
贷：在建工程——设备安装工程		54 700

提示：

①在建工程科目应按工程性质和工程项目进行明细核算。

②单位的基本建设投资应按国家规定单独建账，单独核算。单位应在“在建工程”科目下设置“基建工程”明细科目，按月核算由基建账套并入的在建工程成本。

③在建工程达到交付使用状态时，应按规定办理工程竣工财务决算和资产交付使用的相关手续。

四、无形资产和累计摊销

（一）无形资产

该科目核算事业单位无形资产的原价。

无形资产是指事业单位持有的没有实物形态的可辨认非货币性资产，包括专利权、商标权、著作权、土地使用权、非专利技术等。

本科目期末借方余额，反映事业单位无形资产的原价。

1.无形资产的核算要点

①事业单位购入的不构成相关硬件不可缺少组成部分的应用软件，应当作为无形资产核算。

②事业单位要按照无形资产的类别、项目等进行明细核算。

③原事业会计制度对无形资产不进行摊销，所以会计账上无形资产的价值永远是其原值，新制度要求对无形资产进行摊销，这样无形资产就有了原值和净值之分。新制度增设“累计摊销”科目来反映无形资产的累计摊销数额，因此，事业单位按照新制度规定对无形资产进行摊销时，应当自2013年1月1日起设置和启用“累计摊销”科目，以无形资产2013年1月1日的期初余额为原价，按新制度规定对无形资产进行摊销。

④事业单位委托软件公司开发的软件视同外购无形资产进行处理。

⑤接受捐赠、无偿调入的无形资产，在没有相关凭据、同类或类似无形资产的市场价格也无法可靠取得的，该无形资产按照名义金额入账。

⑥为增加无形资产的使用效能发生的后续支出，如对软件进行升级改造或扩展其功能等所发生的支出，应当计入无形资产的成本。

为维护无形资产的正常使用而发生的后续支出，如对软件进行漏洞修补、技术维护等所发生的支出，应当计入当期支出，但不计入无形资产成本。

2.无形资产取得的核算

事业单位无形资产的取得，一般包括购入、自行开发、接受捐赠、无偿调入等方式。

①购入的无形资产。

外购的无形资产，其成本包括购买价、相关税费以及可归属于该项资产达到预定用途所发生的其他支出。购入的无形资产，按照确定的无形资产成本，借记“无形资产”科目，贷记“非流动资产基金——无形资产”科目，同时，按照实际支付的金额，借记“事业支出”科目，贷记“零余额账户用款额度”等科目。

【例4-43】某事业单位因办公需要，购置应用软件一套，价值60 000元，零余额账户支付。会计分录为：

借：无形资产——应用软件	60 000	
贷：非流动资产基金——无形资产		60 000
借：事业支出——基本支出（财政补助支出）	60 000	
贷：零余额账户用款额度		60 000

②自行开发的无形资产。

自行开发并按法律程序申请取得的无形资产，按照依法取得时发生的注册费、律师费等，借记“无形资产”科目，贷记“非流动资产基金——无形资产”科目；同时，借记“事业支出”等科目，贷记“零余额账户用款额度”等科目。

【例 4-44】某事业单位自行开发专利一项，上报有关部门进行注册时，共支付注册费118 000元、律师费2 000元，均以零余额账户支付。会计分录为：

借：无形资产——专利　　120 000

　贷：非流动资产基金——无形资产　　120 000

借：事业支出——项目支出（财政补助支出）　　120 000

　贷：零余额账户用款额度　　120 000

③接受捐赠、无偿调入的无形资产。

接受捐赠、无偿调入的无形资产，其成本按照有关凭据注明的金额加上相关税费确定；没有相关凭据的，其成本比照同类或类似无形资产的市场价格加上相关税费确定；没有相关凭据，同类或类似无形资产的市场价格也无法可靠取得的，该无形资产按照名义金额入账。

【例 4-45】某事业单位接受捐赠非专利技术一项，既无相关凭据，同类或类似无形资产的市场价格也无法可靠获得，该项资产按照名义金额入账。会计分录为：

借：无形资产——非专利技术　　1

　贷：非流动资产基金——无形资产　　1

无形资产的摊销及转让、无偿调出等将在“累计摊销”和“待处置资产损溢”科目中阐述。

（二）累计摊销

该科目核算事业单位无形资产计提的累计摊销。

本科目期末贷方余额，反映事业单位计提的无形资产摊销的累计数额。

1.“累计摊销”科目核算要点

①该科目应当按照对应无形资产的类别、项目等进行明细核算。

②在对无形资产进行摊销时，要注意以名义金额计量的无形资产不进行摊销。

③对于无形资产的摊销年限是这样规定的：法律规定了有效年限的，按照法律规定的有效年限作为摊销年限；法律没有规定有效年限的，按照相关合同或单位申请书中的受益年限作为摊销年限；法律没有规定有效年限，相关合同或单位申请书也没有规定受益年限的，按照不少于10年的期限进行摊销。

④无形资产的摊销方法应当采用年限平均法。

⑤无形资产的应摊销金额为无形资产的实际成本。

⑥事业单位应当自无形资产取得当月起，按月计提无形资产摊销。

⑦因发生后续支出而增加无形资产成本的，应当按照重新确定的无形资产成本，重新计算摊销额。

2.“累计摊销”的核算

事业单位按月对无形资产进行摊销时，按照应计提的摊销金额，借记“非流动资产基金——无形资产”科目，贷记“无形资产”科目。

【例 4-46】某事业单位依法取得专利一项，以银行存款支付各种费用

150 000元。该项资产的摊销年限为10年，购入当月计提摊销额1 250元。会计分录为：

①取得专利时：

借：无形资产——专利　150 000

　贷：非流动资产基金——无形资产　150 000

借：事业支出——项目支出（财政补助支出）　150 000

　贷：银行存款　150 000

②计提当月摊销额时：

月摊销额=150 000÷10÷12=1 250（元）

借：非流动资产基金——无形资产　1 250

　贷：累计摊销——专利　1 250

第五节　待处置资产损溢的核算

一、"待处置资产损溢"科目介绍

"待处置资产损溢"科目是新制度增加的一个科目。

由于原事业会计制度没有设置资产处置的相关科目，所以使得事业单位占用的一些资产，如各类无法收回的呆账、坏账等，不能及时进行处理，因而一定程度上影响了事业单位拥有资产的真实性。新制度中"待处置资产损溢"科目的增加，将使事业单位的会计核算更加完整，财务信息更加透明。

"待处置资产损溢"科目核算事业单位待处置资产的价值及处置损溢。

事业单位资产处置包括资产的出售、出让、转让、对外捐赠、无偿调出、盘亏、报废、毁损以及货币性资产损失核销等。

本科目期末如为借方余额，反映尚未处置完毕的各种资产价值及净损失；期末如为贷方余额，反映尚未处置完毕的各种资产净溢余。年度终了报经批准处理后，本科目一般应无余额。

二、"待处置资产损溢"科目核算要点

（1）该科目应当按照资产处置项目进行明细核算；对于在处置过程中取得相关收入，发生相关费用的处置项目，还应设置"处置资产价值"、"处置净资产"明细科目，进行明细核算。

（2）事业单位处置资产一般应当先计入本科目，按规定报经批准后及时进行账务处理。年度终了结账前一般应处理完毕。

（3）资产处置中取得的残值收入和发生的相关费用均要通过"待处置资产损溢"科目核算，取得的残值收入与处置费用相抵后的净收益应按规定上缴国库。

三、各类资产处置的会计核算

（一）按规定报经批准予以核销的应收及预付款项、长期股权投资、无形资产处置时

（1）转入待处置资产时，借记本科目（核销无形资产的，还应借记“累计摊销”科目），贷记“应收账款”、“长期投资”、“无形资产”等科目。

（2）报经批准予以核销时，借记“其他支出”（应收及预付款项核销）或“非流动资产基金”科目（长期资产、无形资产核销），贷记本科目。

【例 4-47】某事业单位报经上级批准，将对以下资产进行处置：

①已经确凿证明无法收回的甲企业应收账款18 000元。

②单位对乙企业的长期股权投资100 000元，因乙企业破产而无法收回。

③单位一项130 000元专利技术已不能为单位带来经济利益，此项专利已计提摊销110 000元。

会计分录为：

①将应收账款转入待处置资产时：

借：待处置资产损溢——处置资产价值	18 000	
贷：应收账款——甲企业		18 000

②应收账款经批准予以核销时：

借：其他支出——应收账款核销	18 000	
贷：待处置资产损溢——处置资产价值		18 000

③将乙企业长期股权投资转入待处置资产时：

借：待处置资产损溢——处置资产价值	100 000	
贷：长期投资——乙企业（长期股权投资）		100 000

④乙企业长期股权投资经批准予以核销时：

借：非流动资产基金——长期投资核销	100 000	
贷：待处置资产损溢——处置资产价值		100 000

⑤将失去效益的专利技术转入待处置资产时：

借：待处置资产损溢——处置资产价值	20 000	
累计摊销	110 000	
贷：无形资产——专利技术		130 000

⑥专利技术经批准核销时：

借：非流动资产基金——无形资产核销	20 000	
贷：待处置资产损溢——处置资产价值		20 000

（二）盘亏或者毁损、报废的存货、固定资产的处置

（1）转入待处置资产时，借记本科目（处置资产价值）（处置固定资产的，还应借记“累计折旧”科目），贷记“存货”、“固定资产”等科目。

（2）报经批准予以处置时，借记“其他支出”（处置存货）或“非流动资产基金”科目（处置固定资产），贷记本科目（处置资产价值）。

(3) 处置毁损、报废存货、固定资产过程中，收到残值变价收入、保险理赔和过失人赔偿等，借记“库存现金”、“银行存款”等科目，贷记本科目（处置净收入）；发生的相关费用借记本科目（处置净收入），贷记“库存现金”、“银行存款”等科目。处置完毕，按照处置收入扣除相关处置费用后的净收入，借记本科目，贷记“应缴国库款”等科目。

【例 4-48】某化工研究所为事业单位，年终对存货和固定资产进行清查盘点时，发现甲试剂有10瓶已过期，应予报废，单价30元。另外，发现一个文件柜损毁不能继续使用，应予以处置，该文件柜原价1 600元，已提折旧1 200元。以上两种资产报上级批准后予以处置。资产处置中甲试剂的瓶子共收入10元；文件柜残值收入计80元，支付工人搬运费50元，均通过现金结算。会计分录为：

①甲试剂转入待处置资产时：

借：待处置资产损溢——处置资产价值　　300

　贷：存货——甲试剂　　300

②甲试剂经批准处置时：

借：其他支出——处置存货　　300

　贷：待处置资产损溢——处置资产价值　　300

③甲试剂处置中取得收入时：

借：库存现金　　10

　贷：待处置资产损溢——处置净收入　　10

④文件柜转入待处置资产时：

借：待处置资产损溢——处置资产价值　　400

　　累计折旧　　1 200

　贷：固定资产——文件柜　　1 600

⑤文件柜经批准处置时：

借：非流动资产基金——固定资产　　400

　贷：待处置资产损溢——处置资产价值　　400

⑥处置文件柜取得收入时：

借：库存现金　　80

　贷：待处置资产损溢——处置净收入　　80

⑦处置文件柜支付搬运费用时：

借：待处置资产损溢——处置净收入　　50

　贷：库存现金　　50

⑧将存货、固定资产处置净收入转账时：

借：待处置资产损溢——处置净收入　　40

　贷：应缴国库款　　40

(三) 对外捐赠、无偿调出存货、固定资产、无形资产时

(1) 转入待处置资产时，借记本科目（捐赠、调出固定资产、无形资产的，还

应借记“累计折旧”、“累计摊销”科目），贷记“存货”、“固定资产”、“无形资产”等科目。

（2）实际捐出、调出时，借记“其他支出”科目（捐赠、调出存货）或“非流动资产基金”科目（捐赠、调出固定资产、无形资产），贷记本科目。

【例4-49】四川芦山发生地震，某事业单位向灾区捐赠一辆救护车，原价2 000 000元，已提折旧100 000元；捐赠药品一批，价值500 000元。会计分录为：

①捐赠的车辆转入待处置资产时：

借：待处置资产损溢——处置资产价值　　1 900 000

　　累计折旧　　100 000

　贷：固定资产——救护车　　2 000 000

②车辆实际捐赠时：

借：非流动资产基金——固定资产　　1 900 000

　贷：待处置资产损溢——处置资产价值　　1 900 000

③捐赠药品转入待处置资产时：

借：待处置资产损溢——处置资产价值　　500 000

　贷：存货——药品　　500 000

④药品实际捐出时：

借：其他支出——捐出存货　　500 000

　贷：待处置资产损溢——处置资产价值　　500 000

（四）转让、出售长期股权投资、固定资产、无形资产时

（1）转入待处置资产时，借记本科目（处置资产价值）（转让、出售固定资产、无形资产的，还应借记“累计折旧”、“累计摊销”科目），贷记“长期投资”、“固定资产”、“无形资产”等科目。

（2）实际转让时，借记“非流动资产基金”科目，贷记本科目。

（3）转让过程中取得价款、发生相关税费，以及转让价款扣除相关税费后的净收入的账务处理，按照国家有关规定，与报废存货、固定资产的账务处理相同。

【例4-50】某事业单位报经批准，对以下资产进行转让和出售：

（1）转让单位一项专利技术，原价180 000元，已计摊销150 000元，与被转让单位的协议价为26 000元，转让款零余额账户收讫。

（2）出售一台单位不需要的设备，原价70 000元，已提折旧60 000元，与购货单位协议价5 000元，款项零余额账户收讫，支付设备装卸费100元，现金付讫。

会计分录为：

①无形资产转入待处置资产时：

借：待处置资产损溢——处置资产价值　　30 000

　　累计摊销　　150 000

贷：无形资产——专利技术 180 000

②实际转让无形资产时：

借：非流动性资产基金——无形资产 30 000

贷：待处置资产损溢——处置资产价值 30 000

③按协议收到无形资产转让收入时：

借：零余额账户用款额度 26 000

贷：待处置资产损溢——处置资产价值 26 000

④无形资产转让完毕，将该资产处置净收入进行转账。

借：待处置资产损溢——处置净收入 26 000

贷：应缴国库款 26 000

⑤固定资产转入待处置资产时：

借：待处置资产损溢——处置资产价值 10 000

累计折旧 60 000

贷：固定资产——设备 70 000

⑥实际出售固定资产时：

借：非流动资产基金——固定资产 10 000

贷：待处置资产损溢——处置资产价值 10 000

⑦按协议收到设备出售价款时：

借：零余额账户用款额度 5 000

贷：待处置资产损溢——处置资产价值 5 000

⑧支付设备装卸费时：

借：待处置资产损溢——处置净收入 100

贷：库存现金 100

⑨设备处置完毕，将该资产的处置净收入转账。

借：待处置资产损溢——处置净收入 4 900

贷：应缴国库款 4 900

提示：

①转入待处置的资产最终核销时，必须报主管部门并经财政部门审批。

②资产处置取得的净收益必须上缴国库。

第五章

负债

章节概述

本章对事业单位负债及其日常业务进行了详细的介绍。事业单位通常涉及的负债业务都比较简单。最常用的负债类科目包括应缴国库款、应缴财政专户款、应付职工薪酬和其他应付款。对于应上缴的款项一定要严格区分是税款还是非税收入，对于非税收入还应进一步区分，是上缴国库还是上缴专户。

第一节　负债的概念和内容

负债是指事业单位所承担的能以货币计量，需以资产或者劳务偿还的债务。

事业单位的负债按照流动性，分为流动负债和非流动负债。

流动负债是指预计在1年内（含1年）偿还的负债。事业单位的流动负债包括短期借款、应付及预收款项、应付职工薪酬、应缴税费等。

短期借款是指事业单位借入的期限在1年内（含1年）的各种借款。

应付及预收款项是指事业单位在开展业务活动中发生的各项债务，包括应付票据、应付账款、其他应付款等应付款项和预收账款。

应付职工薪酬是指事业单位应付未付的职工工资、津贴补贴等。

应缴款项是指事业单位应缴未缴的各种款项，包括应当上缴国库或者财政专户的款项、应缴税费，以及其他按照国家有关规定应当上缴的款项。

非流动负债是指流动负债以外的负债。事业单位的非流动负债包括长期借款、长期应付款等。

长期借款是指事业单位借入的期限超过1年的各种借款。

长期应付款是指事业单位发生的偿还期限超过1年的应付款项，主要指事业单位融资租入固定资产发生的应付租赁款。

事业单位的负债应当按照合同金额或者实际发生额进行计量。对不同性质的负债要分类管理，及时清理并按照国家有关规定办理结算，保证各项负债在规定期限内归还。

事业单位应当建立健全财务风险控制机制，规范和加强借入款项的管理，严格执行审批程序，不得违反规定举借债务和提供担保。

第二节　流动负债的核算

事业单位的流动负债包括短期借款、应付及预收款项、应付职工薪酬、应缴款项等。

一、短期借款

该科目核算事业单位借入的期限在1年内（含1年）的各种借款。

该科目应当按照贷款单位和贷款种类进行明细核算。

该科目期末贷方余额，反映事业单位尚未偿还的短期借款本金。

短期借款的主要账务处理如下：

1.借入各种短期借款时，按照实际借入的金额，借记“银行存款”科目，贷记本科目。

【例5-1】某事业单位因业务需要，向建设银行贷款200 000元，期限6个月，年利率8%。会计分录为：

借：银行存款　　200 000

　贷：短期借款——建设银行　　200 000

2.银行承兑汇票到期，单位无力支付票款的，按照银行承兑汇票的票面金额，借记“应付票据”科目，贷记本科目。

【例5-2】某事业单位2015年6月1日在苏宁商店购项目用特殊设备10台，单价5 200元，发票已开，货已提取。该单位向商店开出一张不带息银行承兑汇票，期限2个月，金额52 000元。2015年8月1日银行承兑汇票到期，但该单位银行存款不足，无力支付，于是将应付票据转为短期借款。会计分录为：

①以银行承兑汇票购设备时：

借：固定资产——设备　　52 000

　贷：非流动资产基金——固定资产　　52 000

借：事业支出——项目支出（非财政专项支出）　　52 000

　贷：应付票据——苏宁商店　　52 000

②银行承兑汇票到期，无力支付时：

借：应付票据——苏宁商店　　52 000

　贷：短期借款——苏宁商店　　52 000

3.支付短期借款利息时，借记“其他支出”科目，贷记“银行存款”科目。

【例5-3】某事业单位因科研开发项目需要，2015年4月1日从工商银行贷款

150 000元，期限9个月，年利率6%，利息按季支付。2015年7月1日，该单位按照贷款合同规定，以银行存款支付工商银行二季度贷款利息2 250元。会计分录为：

①2015年4月1日收到贷款时：

借：银行存款　　150 000

　贷：短期借款——工商银行　　150 000

②2015年7月1日支付利息时：

借：其他支出——利息支出　　2 250

　贷：银行存款　　2 250

4.事业单位归还贷款时，借记本科目，贷记“银行存款”科目。

【例5-4】某事业单位以银行存款支付到期的建行贷款200 000元。

借：短期借款——建设银行　　200 000

　贷：银行存款　　200 000

提示：

事业单位借款包括短期借款和长期借款，不管哪种借款都要注意：

①借款要按贷款单位和贷款种类进行明细核算。

②借款必须执行严格的审批程序。

③决不允许违反规定举借债务和对外提供担保。

二、应缴款项

事业单位的应缴款项包括应缴税费、应缴国库款和应缴财政专户款。

（一）应缴税费

该科目核算事业单位按照税法等规定计算应缴纳的各种税费，包括增值税、城市维护建设税、教育费附加、车船税、房产税、城镇土地使用税、企业所得税等。事业单位代扣代缴的个人所得税，也通过本科目核算。

事业单位应缴的印花税、水利基金，不需要预提应缴税费，直接通过相关支出科目核算，不在本科目核算。

本科目应当按照应缴纳的税费种类进行明细核算。属于增值税一般纳税人的事业单位，其应缴增值税明细账中应设置“进项税额”、“已交税金”、“销项税额”、“进项税额转出”等专栏。

本科目期末借方余额，反映事业单位多缴纳的税费金额；本科目期末贷方余额，反映事业单位应缴未缴的税费金额。

1.发生营业税、城市维护建设税、教育费附加纳税义务时，按税法规定计算的应缴税费金额，借记有关支出科目等，贷记本科目。实际缴纳时，借记本科目，贷记“银行存款”科目。

【例5-5】经税务局核定，某事业单位应按经营收入的5%缴纳营业税，本月该单位共取得经营收入130 000元，月末按规定计提各项税费。第二个月月初以银行存款上缴税务局。会计分录为：

①计提营业税时：

130 000×5%=6 500（元）

借：经营支出——营业税　6 500

　贷：应缴税费——应缴营业税　6 500

②按照营业税税额的7%和3%分别计提城建税和教育费附加时：

应缴城建税税额=6 500×7%=455（元）

应缴教育费附加=6 500×3%=195（元）

借：经营支出——城建税　455

　　　　　　——教育费附加　195

　贷：应缴税费——应缴城建税　455

　　　　　　　——应缴教育费附加　195

③实际缴纳税费时：

借：应缴税费——应缴营业税　6 500

　　　　　　——应缴城建税　455

　　　　　　——应缴教育费附加　195

　贷：银行存款　7 150

2.属于增值税一般纳税人的事业单位购入非自用材料的，按不含税成本，借记“存货”科目，按增值税专用发票上注明的增值税税额，借记本科目，按实际支付或应付的金额，贷记“银行存款”、“应付账款”等科目。

【例5-6】某事业单位为一般纳税人，从东方公司购入应税产品所需甲材料，增值税专用发票列示：货物10 000元，增值税税额1 700元，款项以银行存款付讫，会计分录为：

借：存货——甲材料　10 000

　　应缴税费——应缴增值税（进项税额）　1 700

　贷：银行存款　11 700

3.属于增值税一般纳税人的事业单位销售应税产品或提供应税服务，按包含增值税的价款总额，借记“银行存款”、“应收账款”等科目，按扣除增值税销项税额后的价款金额，贷记“经营收入”等科目，按增值税专用发票上注明的增值税金额，贷记本科目。实际缴纳增值税时，借记本科目，贷记“银行存款”等科目。

【例5-7】属于一般纳税人的某事业单位向恒丰公司销售应税产品，单位开出的增值税专用发票列示：货物20 000元，增值税税额为3 400元，货款未收。次月月初以银行存款向税务局缴纳增值税税款3 400元。次月月底收到恒丰公司货款23 400元，银行存款收讫。会计分录为：

①当月销售应税产品时：

借：应收账款——恒丰公司　23 400

　贷：经营收入　20 000

　　　应缴税费——应缴增值税（销项税额）　3 400

②月初缴纳税款时：

借：应缴税费——应缴增值税（已交税金） 3 400

贷：银行存款 3 400

③次月月底收到恒丰公司货款时：

借：银行存款 23 400

贷：应收账款——恒丰公司 23 400

4.属于增值税小规模纳税人的事业单位销售应税产品或提供应税服务，按实际收到或应收的价款，借记“银行存款”、“应收账款”等科目，按实际收到或应收价款扣除增值税税额后的金额，贷记“经营收入”等科目，按应缴增值税金额，贷记本科目。实际缴纳增值税时，借记本科目，贷记“银行存款”科目等。

【例5-8】某事业单位为小规模纳税人，按3%的征收率缴纳增值税，本月向甲企业销售应税产品84 872元，银行存款收讫。次月将增值税税款缴纳税务局。会计分录为：

①当月销售应税产品时：

借：银行存款 84 872

贷：经营收入 82 400

应缴税费——应缴增值税 2 472

不含税销售额=84 872÷1.03＝82 400（元）

应缴增值税税额=82 400×3%＝2 472（元）

②次月月初缴税时：

借：应缴税费——应缴增值税 2 472

贷：银行存款 2 472

5.发生房产税、城镇土地使用税、车船税纳税义务的，按税法规定计算的应缴税金数额，借记有关科目，贷记本科目。实际缴纳时，借记本科目，贷记“银行存款”科目。

【例5-9】某事业单位拥有土地使用权面积为10 000平方米，经税务局核定，该土地每平方米年税额为4元。另外，该单位有经营用房800平方米，原值320 000元，按照当地规定允许减除30%后计税，适用税率1.2%。单位还有三间门面房出租，年租金收入为30 000元，适用税率为12%。请计算本年该单位应缴的城镇土地使用税和房产税，并作出会计分录。

①本年应缴的城镇土地使用税为：4×10 000＝40 000（元）

借：经营支出——基本支出 40 000

贷：应缴税费——应缴城镇土地使用税 40 000

②经营用房以从价计征方式缴纳房产税。本年经营用房的房产税为：

320 000×（1－30%）×1.2%＝2 688（元）

借：经营支出——基本支出 2 688

贷：应缴税费——应缴房产税 2 688

③出租门面房以从租计征方式缴税。本年门面房的房产税为：

30 000×12%=3 600（元）

借：经营支出——基本支出　3 600

　贷：应缴税费——应缴房产税　3 600

6.代扣代缴个人所得税的，按税法规定计算应代扣代缴的个人所得税金额，借记“应付职工薪酬”科目，贷记本科目。实际缴纳时，借记本科目，贷记“银行存款”科目。

7.发生企业所得税纳税义务的，按税法规定的应缴税金数额，借记“非财政补助结余分配”科目，贷记本科目。实际缴纳时，借记本科目，贷记“银行存款”科目。

【例5-10】某事业单位为企业所得税纳税人，年末“非财政补助结余分配”科目为贷方余额，金额为50 000元，请计算该单位应缴纳的企业所得税，计税税率为25%，并作出会计分录。

该单位应缴纳的企业所得税=50 000×25%=12 500（元）

借：非财政补助结余分配　12 500

　贷：应缴税费——应缴企业所得税　12 500

（二）应缴国库款

该科目核算事业单位按规定应缴入国库的款项（应缴税费除外）。

应缴国库款科目核算的内容主要包括：事业单位代收的纳入预算管理的各种基金、行政性收费收入、罚款收入、无主财务变价收入以及其他预算管理规定应上缴的款项。

该科目应当按照应缴国库的各款项类别进行明细核算。

本科目期末贷方余额，反映事业单位应缴入国库但尚未缴纳的款项。

应缴国库款的账务处理相对简单，按规定取得应缴国库的款项时，借记“银行存款”、“库存现金”等科目，贷记本科目。上缴款项时，借记本科目，贷记“银行存款”科目。

【例5-11】政府物价部门给某事业单位颁发收费许可证，授权该单位对污染水资源的行为予以罚款，本月该单位收到罚款4 000元，现金收讫，并于月底将罚款足额上缴国库。会计分录为：

①取得罚款时：

借：库存现金　4 000

　贷：应缴国库款——罚款　4 000

②上缴国库时：

借：应缴国库款——罚款　4 000

　贷：银行存款　4 000

（三）应缴财政专户款

该科目核算事业单位按规定应缴入财政专户的款项。

该科目应当按照应缴财政专户的各款项类别进行明细核算。

本科目期末贷方余额，反映事业单位应缴入财政专户但尚未缴纳的款项。

应缴财政专户款的账户处理如下：

1.取得应缴财政专户的款项时，借记“银行存款”等科目，贷记本科目。

2.上缴款项时，借记本科目，贷记“银行存款”等科目。

【例5-12】某事业单位依据收费许可证收取卫生费，对收取的卫生费财政部门要求统一上缴财政专户。本月该单位共收取卫生费10 000元，银行存款收讫。月底全额上缴财政专户。会计分录为：

①本月收取卫生费时：

借：银行存款 10 000

　贷：应缴财政专户款——卫生费 10 000

②月底上缴卫生费时：

借：应缴财政专户款——卫生费 10 000

　贷：银行存款 10 000

提示：

不管“应缴国库款”还是“应缴财政专户款”，它们核算的内容都是一种应上缴财政的款项，这种款项我们一般叫做政府非税收入。单位交到国库的非税收入应使用“应缴国库款”，交到财政专户的非税收入应使用“应缴财政专户款”科目。

1.政府非税收入的概念。

政府非税收入和税收收入都是国家财政收入的重要组成部分。而非税收入是由各级政府机关、事业单位、代行政府职能的社会团体等依法利用政府权力和政府信誉、国家资源、国有资产等收取并用于满足社会需要的一种财政资金。

2.政府非税收入的内容。

政府非税收入主要包括：行政事业性收费、罚没收入、国有资源有偿使用收入（如土地出让金收入）、国有资产有偿使用收入（如固定资产出租、出借、处置收入）、彩票公益金、以政府名义接受的捐赠收入等。

3.政府非税收入的管理。

政府非税收入实行三项管理制度：

①收费许可证制度：执收非税收入的单位必须要有物价局颁发的收费许可证。单位要按物价局规定的收费项目和收费标准进行收费，无证收费或不按规定项目和标准收费，均为乱收费。

②统一收费票据制度：即收取非税收入的单位必须使用财政部门统一印制或监制的专用票据进行收费。

③收支集中管理制度：非税收入必须实行收支两条线管理（即单位开票、银行收款、财政开户、收支统管）。收取的非税收入必须按规定足额上缴，不得隐瞒、滞留、截留、挪用和坐支。

三、应付职工薪酬

该科目核算事业单位按有关规定应付给职工及为职工支付的各种薪酬，包括基本工资、绩效工资、国家统一规定的津贴补贴、社会保险费、住房公积金等。

该科目应当根据国家有关规定按照“工资（离退休费）”、“地方（部门）津贴补贴”、“其他个人收入”，以及“社会保险费”、“住房公积金”等进行明细核算。

本科目期末贷方余额，反映事业单位应付未付的职工薪酬。

应付职工薪酬的账务处理如下：

计算当期应付职工薪酬时，借记“事业支出”等科目，贷记本科目。向职工支付工资、津贴补贴等薪酬时，借记本科目，贷记“财政补助收入”、“零余额账户用款额度”等科目。

【例5-13】某事业单位收到国库中心以财政直接支付方式发放本单位职工地方补贴51 200元，款项已直接打入个人账户。会计分录为：

借：事业支出——基本支出	51 200	
贷：应付职工薪酬——地方津贴补贴		51 200
借：应付职工薪酬——地方津贴补贴	51 200	
贷：财政补助收入		51 200

按税法规定代扣代缴个人所得税时，借记本科目，贷记“应缴税费——应缴个人所得税”科目。

【例5-14】某事业单位计提当月职工工资28 000元，津贴补贴31 000元，其中代扣个人所得税2 000元，代扣各类个人应缴社会保险费4 000元，代扣个人应缴住房公积金3 000元，其余款项通过银行存款打入职工个人账户。该单位尚未实行国库集中支付。会计分录为：

借：事业支出——基本支出	59 000	
贷：应付职工薪酬——工资（离退休费）		28 000
——地方津贴补贴		31 000
借：应付职工薪酬——工资（离退休费）	28 000	
——地方津贴补贴	31 000	
贷：应缴税费——应缴个人所得税		2 000
其他应付款——应缴个人社会保险费		4 000
——应缴个人住房公积金		3 000
银行存款		50 000

四、应付及预收款项

应付及预收款项是指事业单位在开展业务活动中发生的各项债务，包括应付票据、应付账款、预收账款和其他应付款。

（一）应付票据

该科目核算事业单位因购买材料、物资等而开出、承兑的商业汇票，包括银行承兑汇票和商业承兑汇票。

该科目应当按照债权单位进行明细核算。

以商业汇票购买材料、物资时，借记“存货”等科目，贷记“应付票据”科目。收到银行支付到期票据的付款通知时，借记“应付票据”科目，贷记“银行存款”等科目。

商业承兑汇票到期无力支付时，按照汇票票面的金额，借记“应付票据”科目，贷记“应付账款”科目。银行承兑汇票到期无力支付时，按照汇票票面的金额，借记本科目，贷记“短期借款”科目。

支付商业汇票手续费时，借记“事业支出”、“经营支出”等科目，贷记“银行存款”科目。

本科目期末贷方余额，反映事业单位开出、承兑的尚未到期的商业汇票票面金额。

【例5-15】某事业单位在国美商场购买甲材料54 800元，已验收入库，并开出一张面值为54 800元，期限为一个月的不带息商业承兑汇票给国美商场。票据到期后，单位发现无力支付这笔款项，于是与国美商场协商后，将应付票据予以转账。会计分录为：

(1) 以商业承兑汇票购买材料时：

借：存货——甲材料	54 800	
贷：应付票据——国美商场		54 800

(2) 商业承兑汇票到期无力支付时：

借：应付票据——国美商场	54 800	
贷：应付账款——国美商场		54 800

（二）应付账款

该科目核算事业单位因购买材料、物资等而应付的款项。

该科目应当按照债权单位或个人进行明细核算。

购入材料、物资等已验收入库但货款尚未支付的，按照应付未付金额，借记“存货”科目，贷记“应付账款”科目。

偿还应付账款时，按照实际支付的款项金额，借记“应付账款”科目，贷记“银行存款”等科目。

无法偿付或债权人豁免偿付的应付账款，借记“应付账款”科目，贷记“其他收入”科目。

该科目期末贷方余额，反映事业单位尚未支付的应付账款。

【例5-16】某事业单位在光华公司购买钢材一批，价款87 000元，已验收入库，但款项尚未支付。会计分录为：

借：存货——钢材	87 000	
贷：应付账款——光华公司		87 000

【例5-17】以零余额账户支付光华公司钢材款87 000元。会计分录为：

借：应付账款——光华公司	87 000	

　贷：零余额账户用款额度　87 000

【例5-18】某事业单位欠前卫公司材料款1 200元，后发现该公司已破产，所欠款项无法支付，经研究予以核销。会计分录为：

借：应付账款——前卫公司　1 200

　贷：其他收入　1 200

（三）预收账款

该科目核算事业单位按合同规定预收的款项。

该科目应当按照债权单位或个人进行明细核算。

从付款方预收款项时，按照实际预收的金额，借记“银行存款”等科目，贷记“预收账款”科目。

确认有关收入时，借记“预收账款”科目，按照确认的收入金额，贷记“经营收入”等科目，按照付款方补付或退回付款方的金额，借记或贷记“银行存款”等科目。

该科目期末贷方余额，反映事业单位按合同规定预收的但尚未实际结算的款项。

【例5-19】某事业单位依据双方合同，预收卓成公司技术服务费10 000元，银行存款收讫。会计分录为：

借：银行存款　10 000

　贷：预收账款——卓成公司　10 000

【例5-20】上述单位为卓成公司提供服务，应收技术服务费42 000元，票已开出，对方支付服务费32 000元，银行存款收讫。会计分录为：

借：银行存款　32 000

　　预收账款——卓成公司　10 000

　贷：经营收入　42 000

（四）其他应付款

该科目核算事业单位除应缴税费、应缴国库款、应缴财政专户款、应付职工薪酬、应付票据、应付账款、预收账款之外的其他各项偿还期限在1年内（含1年）的应付及暂收款项，如存入保证金等。

该科目应当按照其他应付款的类别以及债权单位或个人进行明细核算。

发生其他各项应付及暂收款项时，借记“银行存款”等科目，贷记“其他应付款”科目。

支付其他应付款项时，借记“其他应付款”科目，贷记“银行存款”等科目。

无法偿还或债权人豁免偿还的其他应付款项，借记“其他应付款”科目，贷记“其他收入”科目。

该科目期末贷方余额，反映事业单位尚未支付的其他应付款。

【例5-21】某事业单位代收职工自费旅游团费8 400元，现金收讫。会计分录为：

借：库存现金　　8 400

　贷：其他应付款——职工自费旅游团费　　8 400

【例5-22】上述单位以银行存款支付旅游部门本单位职工旅游团费8 400元。会计分录为：

借：其他应付款——职工自费旅游团费　　8 400

　贷：银行存款　　8 400

提示：

应付账款、预收账款和其他应付款科目核算时要注意：

①必须按不同债务单位或个人分账页进行明细核算。

②严禁将应确认的收入列在应付及预收款项核算。

③要及时清理各类债务，年末必须清理核对一次，确保总账和明细账数字相符。

第三节　非流动负债的核算

非流动负债是指流动负债之外的负债。事业单位的非流动负债包括长期借款、长期应付款等。

一、长期借款

该科目核算事业单位借入的期限超过1年（不含1年）的各项借款。该科目应当按照贷款单位和贷款种类进行明细核算。对于基建项目借款，还应按照具体项目进行明细核算。

借入各项长期借款时，按照实际借入的金额，借记“银行存款”科目，贷记“长期借款”科目。

归还长期借款时，借记“长期借款”科目，贷记“银行存款”科目。

支付长期借款利息时，按支付的利息金额，借记“其他支出”科目，贷记“银行存款”科目。

本科目期末贷方余额，反映事业单位尚未偿还的长期借款本金。

现将长期借款科目的核算举例说明如下：

【例5-23】某事业单位因业务活动需要，经上级部门批准，向工商银行借款500 000元，期限为两年，按季付息，年利率为7%。会计分录为：

借：银行存款　　500 000

　贷：长期借款——工商银行　　500 000

【例5-24】两年后，上述单位借款到期，除以银行存款归还本金外，还支付最后一季度的借款利息8 750元。会计分录为：

借：长期借款——工商银行　　500 000

　　其他支出——利息支出　　8 750

　贷：银行存款　　508 750

二、长期应付款

该科目核算事业单位发生的偿还期限超过1年（不含1年）的应付款项，如以融资租赁租入固定资产的租赁费，跨年度分期付款购入固定资产的价款等。该科目应当按照长期应付款的类别以及债权单位或个人进行明细核算。

主要账务处理如下：

发生长期应付款时，借记“固定资产”、“在建工程”等科目，贷记“长期应付款”、“非流动资产基金”科目。

支付长期应付款时，借记“事业支出”等科目，贷记“银行存款”等科目；同时，借记“长期应付款”科目，贷记“非流动资产基金”科目。

该科目期末贷方余额，反映事业单位尚未支付的长期应付款。

现将长期应付款科目的核算举例说明如下：

【例5-25】某事业单位因业务需要，以专用基金购买一台大型设备，金额600 000元。该单位与供应商恒丰公司达成协议，2014年1月提货。2014年4月1日支付40%的款项。余款于2015年4月1日全部付完。所有款项均以银行存款付讫。会计分录为：

(1) 2014年1月提货时：

借：固定资产	600 000	
贷：长期应付款		600 000

(2) 2014年4月1日以银行存款支付40%款项时：

借：事业支出——财政补助支出	240 000	
贷：银行存款		240 000
借：长期应付款	240 000	
贷：非流动资产基金——固定资产		240 000

(3) 2015年4月1日以银行存款支付余款时：

借：事业支出——财政补助支出	360 000	
贷：银行存款		360 000
借：长期应付款	360 000	
贷：非流动资产基金——固定资产		360 000

第六章

净资产

章节概述

事业单位以各种方式取得的收入和发生的支出最终都反映到事业单位的净资产中。净资产是事业单位现有财力的真实体现，涉及“事业基金”、“非流动资产基金”、“专用基金”、“财政补助结转”、“财政补助结余”、“非财政补助结转”、“事业结余”、“经营结余”和“非财政补助结余分配”9个科目。

其中，“非流动资产基金”科目随相关资产价值的变动而变动，不参与期末结账，“专用基金”必须按照国家有关规定计提，应确保做到专款专用，不参与期末结账。“财政补助结转”、“非财政补助结转”、“事业结余”、“经营结余”4个科目需参与月末结账，而“事业基金”、“财政补助结余”和“非财政补助结余分配”3个科目则涉及年末结账。

通常，进行月末结账时需将各类收入和支出类科目全额转入对应的净资产科目，具体结转对应关系参照第二章和第三章的有关内容。

第一节　净资产的概念和内容

事业单位的净资产是指事业单位资产扣除负债的余额。

事业单位的净资产包括事业基金、非流动资产基金、专用基金、财政补助结转结余、非财政补助结转结余等。

事业基金是指事业单位拥有的非限定用途的净资产，其主要来源为非财政补助结余扣除结余分配后滚存的金额。

非流动资产基金是指事业单位非流动资产占用的金额。

专用基金是指事业单位按规定提取或者设置的具有专门用途的净资产。

结转和结余是指事业单位年度收入与支出相抵后的余额。

结转资金是指当年预算已执行但未完成，或者因故未执行，下一年度需要按照原用途继续使用的资金。结余资金是指当年预算工作目标已完成，或者因故终止，当年剩余的资金。

财政补助结转结余是指事业单位各项财政补助收入与其相关支出相抵后剩余滚存的，需按规定管理和使用的结转和结余资金。

非财政补助结转结余是指事业单位除财政补助收支以外的各项收入与各项支出相抵后的余额。其中，非财政补助结转是指事业单位除财政补助收支以外的各专项资金收入与其相关的支出相抵后剩余滚存的，须按规定用途使用的结转资金；非财政补助结余是指事业单位除财政补助收支以外的各非专项资金收入与各非专项资金支出相抵后的余额。

第二节　净资产的核算

为了核算事业单位的净资产，新制度共设置了九个会计科目，分别是：事业基金、非流动资产基金、专用基金、财政补助结转、财政补助结余、非财政补助结转、事业结余、经营结余和非财政补助结余分配。

现将这些科目的核算介绍如下：

一、财政补助结转

该科目核算事业单位滚存的财政补助结转资金，包括基本支出结转和项目支出结转。

该科目应当设置“基本支出结转”、“项目支出结转”两个明细科目，并在“基本支出结转”明细科目下按照“人员经费”、“日常公用经费”进行明细核算，在“项目支出结转”明细科目下按照具体项目进行明细核算。

期末，将财政补助收入转入本科目，借记“财政补助收入”科目，贷记“财政补助结转”科目。将事业支出（财政补助支出）转入本科目，借记“财政补助结转”科目，贷记“事业支出（财政补助支出）”科目。

年末，完成上述结转后，应当对财政补助各明细项目执行情况进行分析，按照有关规定将符合财政补助结余性质的项目余额转入财政补助结余，借记或贷记“财政补助结转——项目支出结转（××项目）”科目，贷记或借记“财政补助结余”科目。事业单位发生需要调整以前年度财政补助结转的事项，通过本科目核算。

该科目期末贷方余额，反映事业单位财政补助结转资金数额。

【例 6-1】年末，某事业单位“财政补助收入——基本支出”余额为400 000元，“财政补助收入——项目支出”余额为180 000元，其中：甲项目余额为80 000元，乙项目余额为100 000元，进行年终转账。会计分录为：

借：财政补助收入——基本支出　　400 000

　　　　　　　　——项目支出（甲项目）　　80 000

借：财政补助收入——项目支出（乙项目） 100 000
　贷：财政补助结转——基本支出结转 400 000
　　　　　　　　——项目支出结转（甲项目） 80 000
　　　　　　　　——项目支出结转（乙项目） 100 000

【例6-2】年末，上述单位“事业支出——基本支出（财政补助支出）”余额为400 000元，“事业支出——项目支出——财政补助支出（甲项目）”余额为75 000元，“事业支出——项目支出——财政补助支出（乙项目）”余额为60 000元，进行年终转账。会计分录为：

借：财政补助结转——基本支出结转 400 000
　　　　　　　——项目支出结转（甲项目） 75 000
　　　　　　　——项目支出结转（乙项目） 60 000
　贷：事业支出——基本支出——财政补助支出 400 000
　　　　　　——项目支出——财政补助支出（甲项目） 75 000
　　　　　　——项目支出——财政补助支出（乙项目） 60 000

【例6-3】上述结转后，经了解，甲项目已全部完工，剩余5 000元转入财政补助结余。会计分录为：

借：财政补助结转——项目支出结转（甲项目） 5 000
　贷：财政补助结余——甲项目 5 000

提示：

①当年的财政补助收支在期末要转入“财政补助结转”科目核算，往年滚存的财政补助结转资金也在该科目核算。

②该科目必须设置基本支出结转和项目支出结转两个二级科目，在“基本支出结转”项下按照“人员经费”和“日常公用经费”进行明细核算。在“项目支出结转”项下按照具体项目进行明细核算。

③年末，转入的项目支出结转中如有已完工项目且该项目有结余时，应将完工项目的结余转入“财政补助结余”科目。

二、财政补助结余

该科目核算事业单位滚存的财政补助项目结余资金。

该科目应按不同项目进行明细核算。

年末，对财政补助各明细项目执行情况进行分析，按照有关规定将符合财政补助结余性质的项目余额转入财政补助结余，借记或贷记“财政补助结转——项目支出结转”科目，贷记或借记“财政补助结余”科目。

按规定上缴的财政补助结余资金，按照实际上缴数额，借记“财政补助结余”科目，贷记“零余额账户用款额度”、“银行存款”等科目。

事业单位发生需要调整以前年度财政补助结余的事项，通过该科目核算。

本科目期末贷方余额，反映事业单位财政补助结余资金数额。

【例6-4】某事业单位年末财政补助收支结转后发现，财政资金支持的三个项目中已有两个项目全部完工，一是危房加固项目完工，剩余资金20 000元；二是设备购置项目，剩余资金9 500元。根据制度规定进行年终转账。会计分录为：

借：财政补助结转——项目支出结转（危房加固项目）　20 000
　　　　　　　　——项目支出结转（设备购置项目）　9 500
　贷：财政补助结余——危房加固项目　20 000
　　　　　　　　　——设备购置项目　9 500

【例6-5】接到财政部门通知，上述两个项目的结余全部上缴财政，零余额账户支付。会计分录为：

借：财政补助结余——危房加固项目　20 000
　　　　　　　　——设备购置项目　9 500
　贷：零余额账户用款额度　29 500

提示：

①财政补助结余只核算同级财政部门批复的预算盘子中项目支出的结余资金。

②财政项目的结余资金的处置要听财政部门意见，单位不能随意安排使用。

三、非财政补助结转

该科目核算事业单位除财政补助收支以外的各专项资金收入与其相关支出相抵后剩余滚存的，须按规定用途使用的结转资金。

该科目应当按照非财政专项资金的具体项目进行明细核算。

期末，将事业收入、上级补助收入、附属单位上缴收入、其他收入中的专项资金收入转入本科目，借记“事业收入”等科目，贷记“非财政补助结转”科目；将事业支出、其他支出中的非财政专项资金支出转入本科目，借记“非财政补助结转”科目，贷记“事业支出”等科目。

年末，完成上述结转后，应当对非财政补助专项结转资金各项目情况进行分析，将已完成项目的剩余资金区别不同情况进行处理：缴回原专项资金拨款单位的，借记“非财政补助结转”科目，贷记“银行存款”等科目；留归本单位使用的，直接转入单位的事业基金，借记“非财政补助结转”科目，贷记“事业基金”科目。

事业单位发生需要调整以前年度非财政补助结转的事项，通过本科目核算。

本科目期末贷方余额，反映事业单位非财政补助专项结转资金数额。

【例6-6】某事业单位年末上级补助收入中专项资金收入共计250 000元，其中甲项目为150 000元，乙项目为100 000元；其他收入中专项资金收入80 000元，为丙项目的收入，现进行年终转账。会计分录为：

借：上级补助收入——甲项目　150 000
　　　　　　　　——乙项目　100 000
　贷：非财政补助结转——甲项目　150 000
　　　　　　　　　　——乙项目　100 000

借：其他收入——丙项目 80 000

贷：非财政补助结转——丙项目 80 000

【例6-7】年末，上述单位“事业支出——项目支出——非财政专项支出（甲项目）”余额为73 000元、“事业支出——项目支出——非财政专项支出（乙项目）”余额为94 000元，“其他支出——丙项目”余额为72 100元，进行年终转账。会计分录为：

借：非财政补助结转——甲项目 73 000

——乙项目 94 000

贷：事业支出——项目支出——非财政专项支出（甲项目） 73 000

——项目支出——非财政专项支出（乙项目） 94 000

借：非财政补助结转——丙项目 72 100

贷：其他支出——丙项目 72 100

【例6-8】经上述结转后分析得知，乙项目和丙项目已全部完工，经与专项资金拨款单位沟通，乙项目剩余资金6 000元缴回原拨款单位，银行存款支付。丙项目剩余资金7 900元留归单位使用，进行年终转账。会计分录为：

借：非财政补助结转——乙项目 6 000

贷：银行存款 6 000

借：非财政补助结转——丙项目 7 900

贷：事业基金 7 900

提示：

①非财政补助结转是核算所有非财政资金中专项资金收入和支出的科目。

②年末，对已完工项目的结余资金，要听取拨款单位的意见，区别不同情况进行核算：经批准留归单位的结余资金，直接转入单位的事业基金；要求返还给拨款单位的结余资金，则通过“银行存款”科目转出。

四、事业结余

该科目核算事业单位一定期间除财政补助收支、非财政专项资金收支和经营收支以外各项收支相抵后的余额。

期末，将事业收入、上级补助收入、附属单位上缴收入、其他收入中的非专项资金收入转入本科目，借记“事业收入”等科目，贷记“事业结余”科目；将事业支出、其他支出中的非财政、非专项资金支出，以及对附属单位补助支出，上缴上级支出转入本科目，借记“事业结余”科目，贷记“事业支出”等科目。

年末，完成上述结转后，将本科目余额转入非财政补助结余分配，借记或贷记“事业结余”科目，贷记或借记“非财政补助结余分配”科目。

本科目期末如为贷方余额，反映事业单位自年初至报告期末累计实现的事业结余；如为借方余额，反映事业单位自年初至报告期末累计发生的事业亏损。

年末结账后，本科目应无余额。

【例 6-9】年末，某事业单位“事业收入——非专项资金收入”余额为40 000元，“上级补助收入——非专项资金收入”余额为130 000元，“其他收入——非专项资金收入”余额为7 000元，进行年终结转。会计分录为：

借：事业收入——非专项资金收入　40 000
　　上级补助收入——非专项资金收入　130 000
　　其他收入——非专项资金收入　7 000
　贷：事业结余　177 000

【例 6-10】年末，上述单位“事业支出——其他资金支出”余额168 000元，“其他支出——非专项资金支出”余额6 940元，进行年终结转。会计分录为：

借：事业结余　174 940
　贷：事业支出——其他资金支出　168 000
　　其他支出——非专项资金支出　6 940

【例 6-11】年末，完成上述结转后，事业结余科目有贷方余额2 060元，进行年终结转。会计分录为：

借：事业结余　2 060
　贷：非财政补助结余分配　2 060

提示：

①事业结余是核算资金性质既非财政、又非专项、也非经营的事业性资金收入和支出的科目。

②年末，事业结余应转入非财政补助结余分配科目。

五、经营结余

该科目核算事业单位一定期间各项经营收支相抵后的余额以及弥补以前年度经营亏损后的余额。

期末，将经营收入转入本科目，借记“经营收入”科目，贷记“经营结余”科目；将经营支出转入本科目，借记“经营结余”科目，贷记“经营支出”科目。

年末，完成上述结转后，如本科目为贷方余额，将余额转入“非财政补助结余分配”科目；如本科目为借方余额，为经营亏损，不予结转。

年末结账后，本科目一般无余额；如为借方余额，反映事业单位累计发生的经营亏损。

【例 6-12】年末，某事业单位经营收入余额为70 000元，经营支出余额为69 200元，进行年终结转。会计分录为：

借：经营收入　70 000
　贷：经营结余　70 000
借：经营结余　69 200
　贷：经营支出　69 200

【例6-13】年末，经营结余科目有贷方余额800元，进行年终结转。会计分录为：

借：经营结余 800

贷：非财政补助结余分配 800

提示：

①经营结余只与事业单位的经营收入和经营支出相关联。期末，将“经营收入”和“经营支出”分别转入“经营结余”。

②年末，经营结余如为贷方余额，则余额全部转入“非财政补助结余分配”科目；如为借方余额，表示经营亏损，则不予结转。

六、非财政补助结余分配

该科目核算事业单位本年度非财政补助结余分配的情况和结果。

年末，将事业结余科目余额转入本科目，借记或贷记“事业结余”科目，贷记或借记“非财政补助结余分配”科目；将经营结余科目的贷方余额转入本科目，借记“经营结余”科目，贷记“非财政补助结余分配”科目。

有企业所得税缴纳义务的事业单位计算出应缴纳的企业所得税，借记本科目，贷记“应缴税费——应缴企业所得税”科目。

按照有关规定提取职工福利基金的，按提取的金额，借记本科目，贷记“专用基金——职工福利基金”科目。

年末，按规定完成上述处理后，将本科目余额转入事业基金，借记或贷记本科目，贷记或借记“事业基金”科目。

年末结转后，本科目应无余额。

【例6-14】年末，某事业单位“事业结余”科目贷方余额12 000元，“经营结余”科目贷方余额57 000元，进行年终结转。会计分录为：

借：事业结余 12 000

经营结余 57 000

贷：非财政补助结余分配 69 000

【例6-15】年末，按规定计提10%职工福利基金6 900元。会计分录为：

借：非财政补助结余分配 6 900

贷：专用基金——职工福利基金 6 900

【例6-16】年末，“非财政补助结余分配”科目有贷方余额62 100元，进行年终结转。会计分录为：

借：非财政补助结余分配 62 100

贷：事业基金 62 100

提示：

①“非财政补助结余分配”科目只核算非财政、非专项资金的结余和分配情况。

②“非财政补助结余分配”科目仅在年末结账时使用。

③结余资金的分配程序：应先交税，再按规定计提各类专用基金，最后将余额全部转入事业基金。

七、事业基金

该科目核算事业单位拥有的非限定用途的净资产，主要为非财政补助结余扣除结余分配后滚存的金额。

年末，将“非财政补助结余分配”科目余额转入事业基金，借记或贷记“非财政补助结余分配”科目，贷记或借记“事业基金”科目。将留归本单位使用的非财政补助专项（项目已完成）剩余资金转入事业基金，借记“非财政补助结转——××项目”科目，贷记“事业基金”科目。

以货币资金取得长期投资，按照实际支付的全部价款作为投资成本，借记“长期投资”科目，贷记“银行存款”等科目；同时，按照投资成本金额，借记“事业基金”科目，贷记“非流动资产基金——长期投资”科目。

对外转让或到期收回长期债券投资本息，按照实际收到的金额，借记“银行存款”等科目，按照收回长期投资的成本，贷记“长期投资”科目，按照其差额，贷记或借记“其他收入”科目；同时，按照收回长期投资对应的非流动资产基金，借记“非流动资产基金——长期投资”科目，贷记“事业基金”科目。

事业单位发生需要调整以前年度非财政补助结余的事项，通过本科目核算。

本科目期末贷方余额，反映事业单位历年积存的非限定用途净资产的余额。

【例6-17】年末，事业单位非财政补助结余分配科目有贷方余额6 500元，进行年终结转。会计分录为：

借：非财政补助结余分配	6 500	
贷：事业基金		6 500

【例6-18】年末，上述事业单位“非财政补助结转”科目中，有两个项目已经完工，其中：甲项目剩余资金4 300元，乙项目剩余资金5 700元，经与两个项目拨款单位沟通，所余资金均留归单位使用，进行年终结账。会计分录为：

借：非财政补助结转——甲项目	4 300	
——乙项目	5 700	
贷：事业基金		10 000

八、专用基金

该科目核算事业单位按规定提取或者设置的具有专门用途的净资产，主要包括修购基金、职工福利基金等。

该科目应当按照专用基金的类别进行明细核算。专用基金管理应当遵循先提后用、收支平衡、专款专用的原则，支出不得超出基金规模。

年末，按规定从本年度非财政补助结余中提取职工福利基金的，按照提取的金额，借记“非财政补助结余分配”科目，贷记“专用基金”科目。

按规定使用专用基金时，借记“专用基金”科目，贷记“银行存款”等科目；使用专用基金形成固定资产的，还应借记“固定资产”科目，贷记“非流动资产基金——固定资产”科目。

本科目期末贷方余额，反映事业单位专用基金的余额。

【例6-19】事业单位年末从非财政补助结余分配中计提职工福利基金8 000元。会计分录为：

借：非财政补助结余分配 8 000

贷：专用基金——职工福利基金 8 000

【例6-20】上述事业单位不实行固定资产折旧，因此可以根据规定按照事业收入的一定比例计提修购基金，用于固定资产的维修和购置。年末，该单位按规定以事业收入的3%比例计提修购基金9 300元。会计分录为：

借：事业支出——项目支出（非财政专项支出） 9 300

贷：专用基金——修购基金 9 300

【例6-21】上述事业单位以专用基金支付设备维修费420元，现金支付。会计分录为：

借：专用基金——修购基金 420

贷：库存现金 420

【例6-22】上述事业单位支付职工福利基金1 500元，银行存款付讫。会计分录为：

借：专用基金——职工福利基金 1 500

贷：银行存款 1 500

九、非流动资产基金

该科目核算事业单位长期投资、固定资产、在建工程、无形资产等非流动资产占用的金额。

该科目应当设置“长期投资”、“固定资产”、“在建工程”、“无形资产”等明细科目，进行明细核算。

非流动资产基金应当在取得长期投资、固定资产、在建工程、无形资产等非流动资产或发生相关支出时予以确认。

取得相关资产或发生相关支出时，借记“长期投资”、“固定资产”、“在建工程”、“无形资产”等科目，贷记“非流动资产基金”科目；同时或待以后发生相关支出时，借记“事业支出”等科目，贷记“财政补助收入”、“零余额账户用款额度”、“银行存款”等科目。

计提固定资产折旧、无形资产摊销时，应当冲减非流动资产基金，按照计提的折旧、摊销金额，借记“非流动资产基金”科目，贷记“累计折旧”、“累计摊销”科目。

处置长期投资、固定资产、无形资产，以及以固定资产、无形资产对外投资时，应当冲销该资产对应的非流动资产基金。

以固定资产、无形资产对外投资，按照评估价加上相关税费作为投资成本，借记“长期投资”科目，贷记“非流动资产基金”科目；按发生的相关税费，借记

“其他支出”科目，贷记“银行存款”等科目；同时，按照投出固定资产、无形资产对应的非流动资产基金，借记“非流动资产基金”科目，按照投出资产已提折旧、摊销，借记“累计折旧”、“累计摊销”科目，按照投出资产的账面余额（即原值），贷记“固定资产”、“无形资产”科目。

本科目期末贷方余额，反映事业单位非流动资产占用的金额。

“非流动资产基金”科目用来替代原制度中的固定基金，是新制度规定“虚提”固定资产折旧和无形资产摊销的一个创新性处理方法，即在计提折旧或摊销时冲减非流动资产基金，而不是记入支出科目。这一处理兼顾了预算管理和财务管理的双重需要，既不影响支出的预算口径，又利于反映资产随着时间推移的耗损情况。

【例6-23】某事业单位从联想公司购买笔记本电脑4台，单价2 500元，以零余额账户支付。会计分录为：

借：固定资产——笔记本电脑	10 000	
贷：非流动资产基金——固定资产		10 000
借：事业支出——基本支出（财政补助支出）	10 000	
贷：零余额账户用款额度		10 000

【例6-24】上述单位以专用基金购买一项专利，价值70 000元，银行存款支付。会计分录为：

借：无形资产——专利	70 000	
贷：非流动资产基金——无形资产		70 000
借：专用基金	70 000	
贷：银行存款		70 000

提示：

①长期投资、在建工程、固定资产、无形资产这四项非流动资产增加和减少，固定资产计提折旧，无形资产进行摊销时，才会使用该科目。该科目要求必须按照上述四项非流动资产进行明细核算，采用双分录方式进行核算。

②在固定资产计提折旧和无形资产摊销核算上，事业单位和企业是有区别的：企业是将折旧额和摊销额计入费用；事业单位则要记入“非流动资产基金”科目，而不作为费用处理。

③对事业单位需要计提折旧的固定资产和进行摊销的无形资产来说，其净值应是该资产原值减去折旧额和摊销额后的价值，通过非流动资产基金科目所属的明细科目进行核算。

总之，在年末事业单位应按照图6-1进行结转。

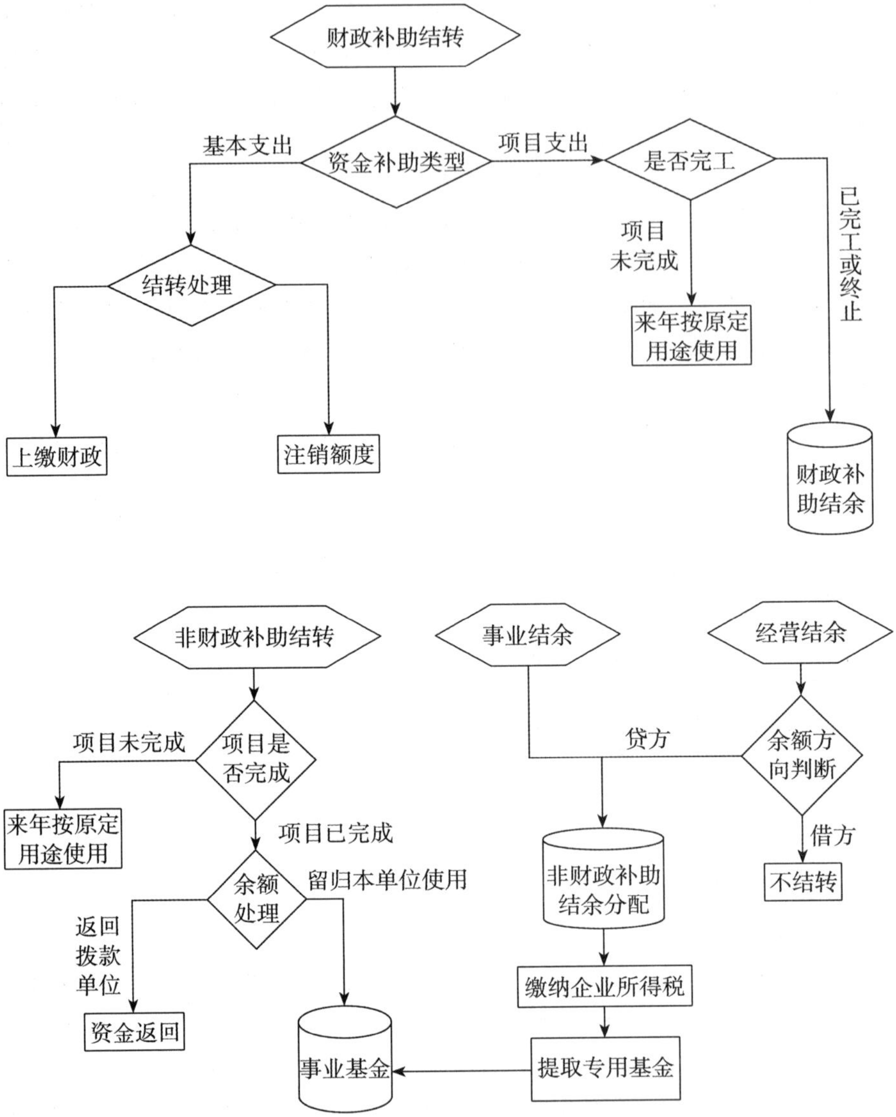

图 6-1 财政补助和非财政补助期末结转

第七章

财务报告

章节概述

本章对事业单位财务报告的概念和构成等内容进行了介绍，并以表格的方式简明、直接地呈现了资产负债表、收入支出表和财政补助收入支出表的编制方法。

第一节　财务报告的概念和内容

财务报告是反映事业单位某一特定日期的财务状况和某一会计期间的事业成果、预算执行等会计信息的文件。事业单位财务报告由财务报表和附注两部分构成，具体见表7-1。

表7-1　**事业单位财务报告**

编　号	名　称	编制期
会事业01表	资产负债表	月度、年度
会事业02表	收入支出表	月度、年度
会事业03表	财政补助收入支出表	年度
	附注	年度

一、财务报表

财务报表至少应当由资产负债表、收入支出表、财政补助收入支出表三部分组成。

（一）资产负债表

资产负债表是指反映事业单位在某一特定日期的财务状况的报表。该表应当按照资产、负债和净资产分类列示。资产按照流动资产和非流动资产分别列示，负债按照流动负债和非流动负债分别列示。

资产负债表的编制期分月度和年度，资产负债表的格式见表7-2。

（二）收入支出表

收入支出表是指反映事业单位在某一会计期间的事业成果及其分配情况的报表。收入支出表应当按照收入、支出的构成和非财政补助结余分配情况分项列示。

收入支出表的编制期分月度和年度，收入支出表的格式见表7-3。

（三）财政补助收入支出表

财政补助收入支出表是指反映事业单位在某一会计期间财政补助收入、支出、结转及结余情况的报表。

财政补助收入支出表只需在年度终了编制，财政补助收入支出表的格式见表7-4。

二、附注

附注是指对在财务报表中列示项目的文字描述或明细资料，以及对未能在财务报表中列示项目的说明等。

另外，财务报告在对外报出时还应加装封面，注明有关信息。事业单位财务报告的封面如图7-1所示。

财务报告

编　制　单　位：____________________
会　计　期　间：____________________
资 产 负 债 表 日：____________________
单位负责人（签章）：____________________
财会负责人（签章）：____________________
制　表　人（签章）：____________________

二〇___年

图7-1　事业单位财务报告封面

第二节　财务报告的编制

事业单位财务报告应当根据登记完整、核对无误的账簿记录和其他资料编制，做到数字真实、计算准确、内容完整、报送及时。

一、资产负债表的编制

1.本表反映事业单位在某一特定日期全部资产、负债和净资产的情况。

2.本表“年初余额”栏内各项数字，应当根据上年年末资产负债表“期末余额”栏内数字填列。如果本年度资产负债表规定的各个项目的名称和内容与上年度不一致，应对上年年末资产负债表各项目的名称和数字按照本年度的规定进行调整，填入本表“年初余额”栏内。

3.本表“期末余额”栏各项目的内容和填列方法见表7-2。

表7-2　**资产负债表**　会事业01表

编制单位：　年　月　日　单位：元

资　产	期末余额	负债和净资产	期末余额
流动资产：		流动负债：	
货币资金	“库存现金”期末余额+“银行存款”期末余额+“零余额账户用款额度”期末余额	短期借款	“短期借款”期末余额
短期投资	“短期投资”期末余额	应缴税费	“应缴税费”期末余额，其中：余额在贷方以正号列示，余额在借方则以负号列示
财政应返还额度	“财政应返还额度”期末余额	应缴国库款	“应缴国库款”期末余额
应收票据	“应收票据”期末余额	应缴财政专户款	“应缴财政专户款”期末余额
应收账款	“应收账款”期末余额	应付职工薪酬	“应付职工薪酬”期末余额
预付账款	“预付账款”期末余额	应付票据	“应付票据”期末余额
其他应收款	“其他应收款”期末余额	应付账款	“应付账款”期末余额

续表

资　产	期末余额	负债和净资产	期末余额
存货	“存货”期末余额	预收账款	“预收账款”期末余额
其他流动资产	“长期投资”期末余额中1年内将到期的投资+其他流动资产	其他应付款	“其他应付款”期末余额
		其他流动负债	“长期借款”+“长期应付款”期末余额中1年内将到期的借款和将付的款项+其他流动负债
流动资产合计	—	流动负债合计	—
非流动资产：		非流动负债：	
长期投资	“长期投资”期末余额减去其中1年内将到期的投资	长期借款	“长期借款”期末余额减去其中1年内将到期的借款
固定资产	固定资产原价－累计折旧	长期应付款	“长期应付款”期末余额减去其中1年内将付的款项
固定资产原价	“固定资产”期末余额		
减：累计折旧	“累计折旧”期末余额	非流动负债合计	—
在建工程	“在建工程”期末余额	负债合计	—
无形资产	无形资产原价－累计摊销	净资产：	
无形资产原价	“无形资产”期末余额	事业基金	“事业基金”期末余额
减：累计摊销	“累计摊销”期末余额	非流动资产基金	“非流动资产基金”期末余额
待处置资产损溢	“待处置资产损溢”期末余额，其中：余额在借方以正号列示，余额在贷方则以负号列示	专用基金	“专用基金”期末余额
非流动资产合计	—	财政补助结转	“财政补助结转”期末余额

续表

资　产	期末余额	负债和净资产	期末余额
		财政补助结余	“财政补助结余”期末余额
		非财政补助结转	“非财政补助结转”期末余额
		非财政补助结余	—
		事业结余	“事业结余”期末余额
		经营结余	“经营结余”期末余额
		净资产合计	—
资产总计	—	负债和净资产总计	—

二、收入支出表的编制

1.本表反映事业单位在某一会计期间内各项收入支出和结转结余情况，以及年末非财政补助结余的分配情况。

2.本表“本月数”栏反映各项目的本月实际发生数。在编制年度收入支出表时，应当将本栏改为“上年数”栏，反映上年度各项目的实际发生数；如果本年度收入支出表规定的各个项目的名称和内容与上年不一致，应对上年度收入支出表各项目的名称和数字按照本年度的规定进行调整，填入本年度收入支出表的“上年数”栏。

本表“本年累计数”栏反映各项目自年初起至报告期末止的累计实际发生数。编制年度收入支出表时，应当将本栏改为“本年数”。

3.本表“本年累计数”栏各项目的内容和填列方法见表7-3。

表7-3　　**收入支出表**　　会事业02表

编制单位：　　____年度　　单位：元

项　　目	本年数
一、本期财政补助结转结余	财政补助收入-事业支出（财政补助支出）
财政补助收入	“财政补助收入”本期贷方发生额
减：事业支出（财政补助支出）	“事业支出——基本支出（财政补助支出）”本期借方发生额+“事业支出——项目支出（财政补助支出）”本期借方发生额
二、本期事业结转结余	事业类收入-事业类支出

续表

项　　目	本年数
（一）事业类收入	事业收入+上级补助收入+附属单位上缴收入+其他收入
1.事业收入	“事业收入”本期贷方发生额
2.上级补助收入	“上级补助收入”本期贷方发生额
3.附属单位上缴收入	“附属单位上缴收入”本期贷方发生额
4.其他收入	“其他收入”本期贷方发生额
其中：捐赠收入	“其他收入”所属捐赠明细科目的本期贷方发生额
（二）事业类支出	事业支出（非财政补助支出）+上级补助支出+附属单位补助支出+其他支出
1.事业支出（非财政补助支出）	“事业支出——基本支出（其他资金支出）”本期借方发生额+“事业支出——项目支出（非财政专项资金支出）”本期借方发生额+“事业支出——项目支出（其他资金支出）”本期借方发生额
2.上缴上级支出	“上缴上级支出”本期借方发生额
3.对附属单位补助支出	“对附属单位补助支出”本期借方发生额
4.其他支出	“其他支出”本期借方发生额
三、本期经营结余	经营收入-经营支出
经营收入	“经营收入”本期贷方发生额
减：经营支出	“经营支出”本期借方发生额
四、弥补以前年度亏损后的经营结余	上年年末“经营结余”的期末余额
五、本年非财政补助结转结余	1.若本表“弥补以前年度亏损后的经营结余”为正数，则本项目=“本期事业结转结余”+“弥补以前年度亏损后的经营结余” 2.若本表“弥补以前年度亏损后的经营结余”为负数，则本项目=“本期事业结转结余”
减：非财政补助结转	“非财政补助结转”科目本期贷方余额

续表

项　　目	本年数
六、本年非财政补助结余	本年非财政补助结转结余-非财政补助结转
减：应缴企业所得税	“应缴税费”科目中应缴所得税科目的本期贷方发生额
减：提取专用基金	“专用基金”科目本期贷方发生额
七、转入事业基金	本年非财政补助结余-应缴企业所得税-提取专用基金

三、财政补助收入支出表的编制

1.本表反映事业单位某一会计年度财政补助收入、支出、结转及结余情况。

2.本表“上年数”栏内各项数字，应当根据上年度财政补助收入支出表“本年数”栏内数字填列。

3.本表“本年数”栏各项目的内容和填列方法见表7-4。

四、附注的内容

事业单位的财务报表附注至少应当披露下列内容：

（1）遵循《事业单位会计准则》、《事业单位会计制度》的声明；

（2）单位整体财务状况、业务活动情况的说明；

（3）财务报表中列示的重要项目的进一步说明，包括其主要构成、增减变动情况等；

表7-4　**财政补助收入支出表**　会事业03表

编制单位：　____年度　单位：元

项　目	本年数
一、年初财政补助结转结余	此大类项目反映事业单位本年年初财政补助的结转和结余情况。 需要根据上年度“财政补助收入支出表”中“年末财政补助结转结余”大类项目的“本年数”直接填列
（一）基本支出结转	
1.人员经费	
2.日常公用经费	
（二）项目支出结转	
××项目	
（三）项目支出结余	

续表

<table>
<tr><th>项　目</th><th>本年数</th></tr>
<tr><td>二、调整年初财政补助结转结余</td><td rowspan="7">此大类项目反映事业单位因本年发生需要调整以前年度财政补助结转结余的事项，是对年初财政补助结转结余的调整金额。
各项目应当根据“财政补助结转”、“财政补助结余”科目及其所属明细科目的本年发生额分析填列。如调整减少年初财政补助结转结余，以“-”号填列</td></tr>
<tr><td>（一）基本支出结转</td></tr>
<tr><td>1. 人员经费</td></tr>
<tr><td>2. 日常公用经费</td></tr>
<tr><td>（二）项目支出结转</td></tr>
<tr><td>××项目</td></tr>
<tr><td>（三）项目支出结余</td></tr>
<tr><td>三、本年归集调入财政补助结转结余</td><td rowspan="7">此大类项目及其所属各明细项目，反映事业单位本年度取得主管部门归集调入的财政补助结转结余资金或额度金额。
各项目应当根据“财政补助结转”、“财政补助结余”科目及其所属明细科目的本年发生额分析填列</td></tr>
<tr><td>（一）基本支出结转</td></tr>
<tr><td>1. 人员经费</td></tr>
<tr><td>2. 日常公用经费</td></tr>
<tr><td>（二）项目支出结转</td></tr>
<tr><td>××项目</td></tr>
<tr><td>（三）项目支出结余</td></tr>
<tr><td>四、本年上缴财政补助结转结余</td><td rowspan="7">此大类项目及其所属各明细科目，反映事业单位本年度按规定实际上缴的财政补助结转结余资金或额度金额。
各项目应当根据“财政补助结转”、“财政补助结余”科目及其所属明细科目的本年发生额分析填列</td></tr>
<tr><td>（一）基本支出结转</td></tr>
<tr><td>1. 人员经费</td></tr>
<tr><td>2. 日常公用经费</td></tr>
<tr><td>（二）项目支出结转</td></tr>
<tr><td>××项目</td></tr>
<tr><td>（三）项目支出结余</td></tr>
</table>

续表

项 目	本年数
五、本年财政补助收入	财政补助收入总账科目贷方余额
(一) 基本支出	财政补助收入的基本支出明细科目余额
1.人员经费	“财政补助收入——基本支出（人员经费）”的本期贷方发生额
2.日常公用经费	“财政补助收入——基本支出（日常公用经费）”的本期贷方发生额
(二) 项目支出	财政补助收入的项目支出明细科目余额
××项目	“财政补助收入——项目支出(××项目)”的本期贷方发生额
六、本年财政补助支出	事业支出中财政补助的基本支出和项目支出明细科目合计数
(一) 基本支出	事业支出中财政支付的人员经费和日常公用经费
1.人员经费	“事业支出——基本支出——财政补助支出(人员经费)”的本期借方发生额
2.日常公用经费	“事业支出——基本支出——财政补助支出(日常公用经费)”的本期借方发生额
(二) 项目支出	事业支出中财政支付的项目经费合计数
××项目	“事业支出——项目支出——财政补助支出(××项目)”的本期借方发生额
七、年末财政补助结转结余	财政补助结转期末余额+财政补助结余期末余额
(一) 基本支出结转	财政补助结转中的基本支出结转期末余额
1.人员经费	“财政补助收入——基本支出（人员经费）”的本期贷方发生额-“事业支出——基本支出——财政补助支出（人员经费）”的本期借方发生额

续表

项　目	本年数
2. 日常公用经费	“财政补助收入——基本支出（日常公用经费）”的本期贷方发生额-“事业支出——基本支出——财政补助支出（日常公用经费）”的本期借方发生额
（二）项目支出结转	财政补助结转中的项目支出结转期末余额
××项目	项目支出结转中××项目的余额
（三）项目支出结余	财政补助结余科目的期末余额

（4）重要资产处置情况的说明；

（5）重大投资、借款活动的说明；

（6）以名义金额计量的资产名称、数量等情况，以及以名义金额计量的理由说明；

（7）以前年度结转结余调整情况的说明；

（8）有助于理解和分析财务报表需要说明的其他事项。

第八章

会计实务操作案例

一、单位背景简介

环保测试中心是一家事业单位，主要业务活动是向社会提供环境保护方面的技术服务和技术咨询。会计核算已实行国库集中支付制度。政府给该中心颁发物价部门的收费许可证，允许该中心收取环境检测费并对违规违法单位收取罚款。该单位有监测专利一项，有一个非独立核算的职工食堂。税务局规定，该测试中心职工食堂若有对外营业收入则为应税收入，要缴纳5%的营业税，其余收入的税费均暂免缴纳。财政部门规定，该单位收取的检测费上缴财政专户，收取的罚款上缴国库。单位的非财政补助结余可按20%的比例计提职工福利基金。单位负责人：石建；办公室主任：张强；会计：周兰；出纳：王娟。

二、总账科目期初余额

2014年11月30日该事业单位的总账科目期初余额见表8-1。

表8-1　　总账科目余额表

编制单位：环保测试中心　　2014年11月30日　　单位：元

会计要素	会计科目	借　方	贷　方
资产类	库存现金	400	
	银行存款	15 000	
	应收账款	11 000	
	其他应收款	500	
	存货	9 860	
	固定资产	5 824 700	

续表

会计要素	会计科目	借方	贷方
资产类	累计折旧		376 580
	无形资产	372 000	
	累计摊销		88 600
负债类	应付账款		30 000
	其他应付款		5 000
净资产类	事业基金		7 560
	非流动资产基金		5 708 520
	其中：固定资产		5 448 120
	无形资产		260 400
	专用基金		17 200
总　计		6 233 460	6 233 460

三、2014年12月份的会计业务及处理

业务1

【原始凭证】财政授权支付额度到账通知书见表8-2。

表8-2　财政授权支付额度到账通知书

编号：额度到账-077001-0007

077001 环保测试中心

第1页/共1页

零余额账户账号：611301015018150008383

资金性质：公共财政预算资金

你单位12月份的授权支付额度已经批准，特予通知。

金额单位：元

<table>
<tr><td colspan="4">支出功能分类科目</td><td rowspan="3">预算项目</td><td rowspan="3">财政授权支付额度</td><td rowspan="3">备注</td></tr>
<tr><td colspan="3">编码</td><td rowspan="2">名称</td></tr>
<tr><td>类</td><td>款</td><td>项</td></tr>
<tr><td>211</td><td>01</td><td>02</td><td>一般行政管理事务</td><td>日常公用经费</td><td>50 000.00</td><td></td></tr>
<tr><td colspan="3">合计（大写）</td><td>伍万元整</td><td>合计（小写）</td><td>人民币：50 000.00</td><td></td></tr>
</table>

中国工商银行北大街支行 2014年12月2日 转讫

银行（签章）：　　经办人：　　打印日期：2014年12月2日

【业务分析】2日，财政拨入日常公用经费，代理银行转来“财政授权支付额度到账通知书”，所列金额50 000元。

【会计分录】

借：零余额账户用款额度　　50 000

　　贷：财政补助收入——基本支出（日常公用经费）　　50 000

业务2

【原始凭证1】财政授权支付凭证见表8-3。

表8-3　财政授权支付凭证（回单）4

2014年12月3日　　NO:

付款人	全　称	环保测试中心	收款人	全　称	××市××热力公司		
	账　号	611301015018150008383		账　号	611301015018150009393		
	开户银行	工行××分行		开户银行	农行××分行		
	汇出地点	××市××区		汇入地点	××市××区		
支付金额	人民币：（大写）壹万捌仟元整					金额（小写）	¥18 000.00
一级预算单位名称	××市环保局		支付密码				
基层预算单位名称	环保测试中心						
资金性质		结算方式		功能分类科目	类		
资金用途	暖气费				款		
					项		
上述款项已办理 中国[illegible]北大街支行 2014年12月3日 转讫 银行盖章： 年　月　日 经办人：			备注：				

此联作付款行给付款人的回单

【原始凭证2】中国工商银行转账支票存根见表8-4。

表8-4 中国工商银行 转账支票存根

ⅦⅥ010001

科　　目：

对方科目：

出票日期：2014年12月3日

收 款 人：×××

金　　额：￥18 000.00

用　　途：支付暖气费

单位主管：石建　会计：王娟

【业务分析】3日，从零余额账户支付暖气费，发票所列金额为18 000元。

【会计分录】

借：事业支出——基本支出（财政补助支出）　18 000

　贷：零余额账户用款额度　18 000

业务3

【原始凭证】批复文件如下：

××市财政局关于环保测试中心机房修缮的批复

环保测试中心：

你中心报来《关于申请机房进行修缮的函》（中心函[2014]68号）收悉。为支持环保事业发展，同时加强国有资产管理，提高资金使用效益，经研究，同意环保测试中心机房进行修缮。

××市财政局

2014年12月4日

【业务分析】4日，财政批准单位将一间机房进行修缮，该机房账面余额（即原值）为400 000元，已提折旧180 000元。依据单位上报财政申请报告的批复文件，将机房转入修缮。

【会计分录】

借：非流动资产基金——固定资产　220 000

　　累计折旧　180 000

　贷：固定资产　400 000

借：在建工程——机房修缮　220 000

　贷：非流动资产基金——在建工程　220 000

业务4

【原始凭证1】××市商业企业专用发票见表8-5。

表8-5

××市商业企业专用发票

发 票 联

发票代码 22753316782962

发票号码 22123162

客户名称：环保测试中心　　　　2014年12月5日

品名（项目）	单位	数量	单价	金额						
				万	千	百	十	元	角	分
办公用品					5	0	0	0	0	0
合计金额（大写） 伍仟元整				¥	5	0	0	0	0	0

开元商业有限公司
610103742801538
发票专用章

单位盖章：　　　复核：　　　制单：董立

【原始凭证2】办公用品清单（12月5日）见表8-6。

表8-6

办公用品清单（12月5日）

序号	名　称	单位	数量	单价	金额（元）
1	笔记本	本	80	8.00	640.00
2	碳素墨水	瓶	20	5.00	100.00
3	英雄软笔	支	100	6.00	600.00
4	5号电池	节	50	3.00	150.00
5	7号电池	节	30	3.00	90.00
6	塑料脸盆	个	10	50.00	500.00
7	85W节能灯	只	20	130.00	2 600.00
8	电话机	个	1	320.00	320.00
	合　计				5 000.00

开元商业有限公司
商品部

单位盖章：　　　复核：丁一　　　制单：注文

【原始凭证3】中国工商银行转账支票存根见表8-7。

表8-7 中国工商银行 转账支票存根

ⅦⅥ010002

科　　目：

对方科目：

出票日期：2014年12月5日

收 款 人：开元商城

金　　额：￥5 000.00

用　　途：购办公用品

单位主管：石建　　会计：王娟

【业务分析】5日，在开元商城以银行存款购买办公用品5 000元。

【会计分录】

借：事业支出——基本支出（非财政补助支出）　　5 000

　贷：银行存款　　5 000

业务5

【原始凭证1】××市市级单位政府采购项目实施申请审批表见表8-8。

表8-8 ××市市级单位政府采购项目实施申请审批表

<table>
<tr><td colspan="2">项目名称</td><td colspan="7">复印机</td></tr>
<tr><td colspan="2">采购单位</td><td colspan="2">环保测试中心</td><td>联系人</td><td>张一</td><td>电话</td><td colspan="2">029-88881234</td></tr>
<tr><td colspan="2">采购组织形式</td><td colspan="2">分散采购</td><td colspan="2">批复采购方式</td><td colspan="3">其他</td></tr>
<tr><td rowspan="5">采购单位采购意见</td><td colspan="8">市财政局：
经你局市财采计[2014]307X号批准同意我单位采购下列项目，核定采购限额20 000元（其中预算外及自筹0元），现将有关采购方案、详细技术参数及要求一同附上，我单位需在12月31日前完成此项工作，请按市政府采购有关规定尽快实施采购。</td></tr>
<tr><td>序号</td><td>项目明细</td><td>品目名称</td><td>规格技术参数</td><td>单位</td><td>市场参考价</td><td>数量</td><td>金额</td></tr>
<tr><td>1</td><td>复印机</td><td></td><td></td><td>台</td><td>10 684</td><td>1</td><td>10 684</td></tr>
<tr><td>2</td><td></td><td></td><td></td><td></td><td></td><td></td><td></td></tr>
<tr><td>合计</td><td></td><td></td><td></td><td></td><td></td><td></td><td></td></tr>
<tr><td colspan="9">备注：</td></tr>
</table>

【原始凭证2】财政授权支付凭证见表8-9。

表8-9　财政授权支付凭证（回单）4

2014年12月8日　　NO:

付款人	全　称	环保测试中心	收款人	全　称	国美商店
	账　号	611301015018150008383		账　号	
	开户银行	工行××分行		开户银行	商业银行
	汇出地点	××市		汇入地点	
支付金额	人民币：（大写）壹万贰仟伍佰元整			金额（小写）	¥12 500.00
一级预算单位名称			支付密码		
基层预算单位名称					
资金性质		结算方式		功能分类科目	类
资金用途					款
					项
上述款项已办理 银行盖章： 中国工商银行北大街支行 2014年12月8日 转讫 年　月　日　经办人：			备注：		

此联作付款行给付款人的回单

【原始凭证3】××省增值税专用发票见表8-10。

表8-10　××省增值税专用发票　№02535390　6100141140

发票联　（全国统一发票监制章　国家税务总局监制）　02535390

6100141140　　开票日期：2014年12月08日

购买方	名　　称：环保测试中心 纳税人识别号：212345678 地 址、电 话：××市××路888号 开户行及账号：中国银行××分行　9376×××289				密码区	68688+2>07202<3->6<3249/34> 1///8/+032*</196742-255//>+ >66/292793/-93268>5>3*>2279 /34>1449>4+27+2+*116742/365	
货物或应税劳务、服务名称	规格型号	单位	数量	单价	金额	税率	税额
复印机		台	1	10 684.00	10 684.00	17%	1 816.00
合　计					¥10 684.00		¥1 816.00
价税合计（大写）	⊗壹万贰仟伍佰元整					（小写）	¥12 500.00
销售方	名　　称：国美商店 纳税人识别号：610113688965736 地 址、电 话：××市××区太白南路266号　029-85522285 开户行及账号：××银行建设东路支行　507011580000023711				备注	（国美商店 610113688965736 发票专用章）	

收款人：刘物　　复核：柳慧　　开票人：刘物　　销售方：（章）

税总函〔2014〕10号××印钞有限公司

第三联：发票联　购买方记账凭证

【原始凭证4】中国工商银行转账支票存根见表8-11。

表8-11

中国工商银行 转账支票存根

Ⅶ Ⅵ 010003

科　　目：

对方科目：

出票日期：2014年12月8日

收 款 人：国美商店

金　　额：￥12 500.00

用　　途：复印机款

单位主管：石建　　会计：王娟

【业务分析】8日，经政府采购部门批准从国美商店购入复印机一台，增值税发票列示：货物10 684元、税额1 816元，以零余额账户支付。

【会计分录】

借：固定资产——复印机	10 684	
应缴税费——应缴增值税（进项税额）	1 816	
贷：非流动资产基金——固定资产		12 500
借：事业支出——基本支出（财政补助支出）	12 500	
贷：零余额账户用款额度		12 500

业务6

【原始凭证】财政授权支付额度到账通知书见表8-12。

表8-12

财政授权支付额度到账通知书

编号：额度到账-077001-0007

077001 环保测试中心　　第1页/共1页

零余额账户账号：611301015018150008383　　资金性质：公共财政预算资金

你单位12月份的授权支付额度已经批准，特予通知。　　金额单位：元

支出功能分类科目				预算项目	财政授权支付额度	备注
编码			名称			
类	款	项				
211	01	03	机关服务	修缮费	100 000.00	
合计（大写）			人民币壹拾万元整	合计（小写）	人民币：100 000.00	

银行（签章）：　　经办人：　　打印日期：2014年12月7日

（印章：中国工商银行北大街支行 2014年12月7日 转讫）

【业务分析】7日，财政拨入机房修缮费，代理银行转来《财政授权额度到账通知书》，所列金额100 000元。

【会计分录】

借：零余额账户用款额度 100 000

　贷：财政补助收入——项目支出（机房修缮） 100 000

业务7

【原始凭证1】库房修缮合同（略）。

【原始凭证2】财政授权支付凭证见表8-13。

表8-13 **财政授权支付凭证（回单）4**

2014年12月8日 NO:

<table>
<tr><td rowspan="4">付款人</td><td>全　称</td><td>环保测试中心</td><td rowspan="4">收款人</td><td>全　称</td><td colspan="3">光明水泥厂</td></tr>
<tr><td>账　号</td><td>611301015018150008383</td><td>账　号</td><td colspan="3"></td></tr>
<tr><td>开户银行</td><td>工行××分行</td><td>开户银行</td><td colspan="3"></td></tr>
<tr><td>汇出地点</td><td>××市</td><td>汇入地点</td><td colspan="3"></td></tr>
<tr><td rowspan="2">支付金额</td><td colspan="5" rowspan="2">人民币：（大写）肆万柒仟捌佰元整</td><td colspan="2">金额（小写）</td></tr>
<tr><td colspan="2">¥47 800.00</td></tr>
<tr><td colspan="2">一级预算单位名称</td><td colspan="2"></td><td colspan="2">支付密码</td><td colspan="2"></td></tr>
<tr><td colspan="2">基层预算单位名称</td><td colspan="6"></td></tr>
<tr><td colspan="2">资金性质</td><td></td><td>结算方式</td><td></td><td rowspan="3">功能分类科目</td><td>类</td><td></td></tr>
<tr><td colspan="2" rowspan="2">资金用途</td><td colspan="3" rowspan="2"></td><td>款</td><td></td></tr>
<tr><td>项</td><td></td></tr>
<tr><td colspan="4">中国工商银行北大街支行
上述款项已办理
2014年12月8日
银行盖章：
转讫
年　月　日
经办人：</td><td colspan="4">备注：</td></tr>
</table>

此联作付款行给付款人的回单

【原始凭证3】××省增值税专用发票见表8-14。

【原始凭证4】××省国家税务局通用机打发票见表8-15。

【原始凭证5】中国工商银行转账支票存根见表8-16。

【原始凭证6】环保测试中心入库单见表8-17。

表 8-14

××省增值税专用发票 №02535391 6100141140

02535391

发票联

6100141140 开票日期：2014年12月08日

购买方	名　　称：环保测试中心 纳税人识别号：212345678 地 址、电 话：××市××路888号 开户行及账号：中国银行××分行　9376×××289				密码区	68688+2>07202<3->3249/34> 1///8/+032*</196742-255//>+ >66/292793/-93268>5>3*>2279 /34>1449>4+27+2+*116742/365	
货物或应税劳务、服务名称	规格型号	单位	数量	单价	金额	税率	税额
水泥		吨	401.71	100	40 171.00	17%	6 829.00
合　计					￥40 171.00		￥6 829.00
价税合计（大写）	⊗肆万柒仟元整						（小写）￥47 000.00
销售方	名　　称：光明水泥厂 纳税人识别号：610113657965731 地 址、电 话：××市××区太白路266号　029-855555285 开户行及账号：××银行建设东路支行　507011580000023733				备注	光明水泥厂 610113657965731 发票专用章	

收款人：张艺　　复核：刘芳　　开票人：刘彻　　销售方：（章）

税总函〔2014〕10号××印钞有限公司

第三联：发票联　购买方记账凭证

表 8-15

××省国家税务局通用机打发票

发票联

610184663169515 发票代码：161001512300

开票日期：2014年12月8日　行业分类：交通运输、仓储和邮政业　发票代码：00016873

受票单位（人）　名称：环保测试中心　纳税人识别号：212345678

地址：××市　查询号：527307105505

货物或应税劳务名称	规格型号	计量单位	数量	单价	金额
货运代理		次	1	800.00	800.00

合计（大写）：捌佰元整　￥800.00

备注：239803408

开票单位　名称：××志成德邦物流有限公司　纳税人识别号：610184663160515

地址、电话：××市××区新光村第二组惠达物流有限公司临街门面房39号商铺，89119022　开户银行及账号：农行徐家湾分理处，26116001040001538

开票人：朱小静

××志成德邦物流有限公司 610184663160515 发票专用章

第一联　发票联

（手开无效）

表 8-16

中国工商银行　转账支票存根

Ⅶ Ⅵ 010004

科　　目：

对方科目：

出票日期：2014年12月8日

收 款 人：光明水泥厂

金　　额：￥47 800.00

用　　途：购水泥款

单位主管：石建　　会计：王娟

表 8-17

环保测试中心　入库单

2014年12月8日

用途：机房修缮　　　　编号：00005

编号	材料名称	规格	单位	收料数量	备注
	水泥		吨	100	

制单：王峰　　审核：周兰　　收料人：林强

【业务分析】8日，单位与前进施工队签订库房修缮合同。合同规定：水泥、沙子由单位购买，施工队根据需要领用，其余材料均由施工队购买使用、单位按照工程进度分期支付施工队工料费用。根据合同，单位从光明水泥厂购进水泥47 000元，运费800元，已验收入库，零余额账户支付。

【会计分录】

借：存货——水泥　　47 800

　贷：零余额账户用款额度　　47 800

业务8

【原始凭证1】环保测试中心工资计算表见表8-18。

【原始凭证2】环保测试中心支付职工社会保险计算表见表8-19。

【原始凭证3】环保测试中心支付职工住房公积金计算表见表8-20。

表 8-18

环保测试中心工资计算表

2014年 12 月 10日

行次	姓名	级别	应付工资				应扣工资			实发工资	津贴补贴	签字
			工资			合计						
1	张严									1 100.00		
2	李钟									900.00		
3	王实									1 500.00		
	⋮									…		
合　计										51 350.00	60 470.00	

单位主管：石建　　审核人：张强　　制表：王娟

表 8-19

环保测试中心支付职工社会保险计算表

2014年 12 月 10日

行次	姓名	级别	养老保险	失业保险	医疗保险	工商保险	生育保险	合计
1	张严		800	80	280	20	20	1 200
2	李钟		1 000	100	350	25	25	1 500
3	王实		1 200	120	420	30	30	1 800
	⋮							
合　计								10 270

单位主管：石建　　审核人：张强　　制表：王娟

表 8-20

环保测试中心支付职工住房公积金计算表

2014年 12 月 10日

行次	姓名	级别	住房公积金	合计
1	张严		200	200
2	李钟		250	250
3	王实		300	300
	…			
合　计				2 580

单位主管：石建　　审核人：张强　　制表：王娟

【业务分析】10日，计提本月职工工资 51 350元，津贴补贴 60 470元，计提单位应缴职工社会保险 10 270元、住房公积金 2 580元。

【会计分录】

借：事业支出——基本支出（财政补助支出）　　124 670

　贷：应付职工薪酬——工资（离退休费）　　51 350

　　　　——地方（部门）津贴补贴　　60 470

　　　　——社会保险费　　10 270

　　　　——住房公积金　　2 580

业务 9

【原始凭证】环保测试中心出库单见表 8-21。

表 8-21

环保测试中心　出库单

领料部门：　　　　2014 年 12 月 10 日　　　　发料仓库：

用途：机房修缮　　　　编号：

编号	材料名称	规格	单位	请领数量	实发数量	备注
	水泥		吨	200	200	

制单：王峰　　审核：周兰　　领料人：林强　　发料人：张秀英

【业务分析】10 日，建筑队从库房领用水泥 200 吨，采用先进先出法每吨 100 元，用于机房修缮。

【会计分录】

借：在建工程——机房修缮　　20 000

　贷：非流动资产基金——在建工程　　20 000

借：事业支出——项目支出——财政补助支出（机房修缮）　　20 000

　贷：存货——水泥　　20 000

业务 10

【原始凭证 1】财政直接支付入账通知书见表 8-22。

表 8-22

财政直接支付入账通知书

一级预算单位：077001 环保测试中心　　编号：入账通知书-077001-000008

基层预算单位：077001 环保测试中心　　第 1 页/共 1 页

账号：6880915110001　　金额单位：元

支付凭证编号	申请序号	预算科目 编码 类	款	项	名称	支出目级 编码	名称	文号及摘要	项目分类	资金性质	指标文号	收款人全称	金额
00011993	00011993	211	01	01	行政运行	2110101	工资		基本支出	公共财政预算资金		××市财政局市级单位工资发放	111 820.00
合计（大写）	人民币壹拾壹万壹仟捌佰贰拾元整											（小写）	¥111 820.00

招商银行西安城南支行 2014年12月12日 转讫

以上款项已由财政厅国库支付局支付处直接支付，请据以入账 招商银行××城南支行（签章）

经办人：　　　　打印日期：　2014 年 12 月 12 日

【原始凭证2】银行回单（略）。

【业务分析】12日，财政代发职工工资51 350元，代发津贴补贴60 470元，代理银行转来“财政直接支付入账通知书”，所列金额111 820元。款项已转入职工个人工资卡中。

【会计分录】

借：应付职工薪酬——工资（离退休费）　　51 350

　　　　　　　——地方（津贴补贴）　　60 470

　贷：财政补助收入——基本支出（人员经费）　　111 820

业务11

【原始凭证1】环保测试中心困难职工补助支付单见表8-23。

表8-23　**环保测试中心困难职工补助支付单**

2014年12月12日

姓名	张建设	年龄	50
部门	后勤部		
补助类型	家庭困难	补助金额	20 000元

现金付讫

单位主管：石建　　审核人：张强　　制表：王娟

【原始凭证2】中国工商银行转账支票存根见表8-24。

表8-24　**中国工商银行　转账支票存根**

ⅦⅥ010005

科　　目：

对方科目：

出票日期：2014年12月12日

收 款 人：张建设

金　　额：¥20 000.00

用　　途：困难补助费

单位主管：石建　　会计：王娟

【业务分析】12日，以银行存款支付意外死亡职工张建设困难补助费20 000元。

【会计分录】

借：事业支出——基本支出（其他资金支出）　　20 000

　贷：银行存款　　20 000

业务12

【原始凭证1】财政授权支付凭证见表8-25。

表8-25

财政授权支付凭证（回单）4

2014年12月12日　　NO:

付款人	全　称	环保测试中心	收款人	全　称		
	账　号	611301015018150008383		账　号		
	开户银行	工行××分行		开户银行		
	汇出地点	××市		汇入地点		
支付金额	人民币：（大写）壹万捌仟贰佰肆拾捌元整				金额（小写）	￥18 248.00
一级预算单位名称		支付密码				
基层预算单位名称						
资金性质		结算方式		功能分类科目	类	
资金用途					款	
					项	
上述款项已办理 银行盖章： 年　月　日 经办人：			备注：			

中国工商银行北大街支行 2014年12月12日 转讫

此联作付款行给付款人的回单

【原始凭证2】中国工商银行支票存根见表8-26。

表8-26

中国工商银行　转账支票存根

Ⅶ Ⅵ010006

科　　目：

对方科目：

出票日期：2014年12月12日

收 款 人：职工

金　　额：￥18 248.00

用　　途：社会保险及公积金

单位主管：石建　　会计：王娟

【业务分析】12日，以零余额账户支付社会保险费14 378元，其中：单位缴10 270元，单位代职工缴4 108元；支付住房公积金3 870元，其中，单位缴2 580元，单位代职工缴1 290元。

【会计分录】

借：应付职工薪酬——社会保险费 10 270

——住房公积金 2 580

其他应收款——个人社会保险金 4 108

——个人住房公积金 1 290

贷：零余额账户用款额度 18 248

业务13

【原始凭证1】中国工商银行进账单见表8-27。

表8-27 ICBC 中国工商银行进账单 (收账通知) 1

2014年12月12日 第×××号

持票人	全称	环保测试中心	出票人	全称	宇恒公司
	账号	6113010150181500008383		账号	9376××××289
	开户银行	工行××分行		开户银行	工行××分行

人民币（大写）	千	百	十	万	千	百	十	元	角	分
壹万元整			¥	1	0	0	0	0	0	0

票据种类	转支	持票人开户行盖章

（印章：中国工商银行北大街支行 2014年12月12日 转讫）

【原始凭证2】××市行政事业单位统一收据见表8-28。

表8-28 ××市行政事业单位统一收据 3782121

缴款单位（人）：宇恒公司 时间：2014年12月12日

收费项目	单位	单价	数量	金额
技术服务费				10 000.00
合计人民币(大写)	壹万元整			¥10 000.00
备注：				

（印章：中国工商银行北大街支行 2014年12月12日 收讫；环保测试中心 610112756801592 发票专用章）

收费单位（盖章） 开票：×× 收款人：

注：无收费单位盖章无效 ××市财政局印

【业务分析】12日，为宇恒公司提供环保技术服务，取得服务费10 000元，银行存款收讫。

【会计分录】

借：银行存款 10 000

贷：事业收入 10 000

业务 14

【原始凭证】财政授权支付额度到账通知书见表 8-29。

表 8-29 财政授权支付额度到账通知书

编号：额度到账 -077001-0007

077001 环保测试中心　　第 1 页/共 1 页

零余额账户账号：61130101501815000838 3　　资金性质：公共财政预算资金

你单位 12 月份的授权支付额度已经批准，特予通知。　　金额单位：元

支出功能分类科目				预算项目	财政授权支付额度	备注
编码			名称			
类	款	项				
211	01	02	机关服务	会议费	50 000.00	
合计（大写）			人民币伍万元整	合计（小写）	人民币：50 000.00	

中国工商银行北大街支行 2014年12月13日 转讫

银行（签章）：　　经办人：　　打印日期：2014 年 12 月 13 日

【业务分析】13 日，市环保技术创新大会由单位承办，财政下拨专项会议费。代理银行转来《财政授权支付额度到账通知书》，所列金额 50 000 元。

【会计分录】

借：零余额账户用款额度　　50 000

　贷：财政补助收入——项目支出（创新大会）　　50 000

业务 15

【原始凭证 1】××市地方税务局通用机打发票见表 8-30。

表 8-30 ××市地方税务局通用机打发票

发 票 联

发票代码 22683316782962

发票号码 22833162

机打号码 00100003

开票时间：2014-12-14　　行业分类：服务业

起止时间：2014-12-14　　校验码：7697016

收款方名称：环保测试中心

项目	开具内容	单位	数量	单价	金额	备注
	食堂营业收入				40 000.00	

环保测试中心 610112756801592 发票专用章

合计金额（大写）：人民币肆万元整　　¥40 000.00

收款方名称：　　开票人：王平艳

【原始凭证2】中国工商银行进账单见表8-31。

表8-31　ICBC 中国工商银行进账单（收账通知）　1

2014年12月14日　　第×××号

持票人	全称	环保测试中心	出票人	全称	宇恒公司
	账号	611301015018150008383		账号	9376××××289
	开户银行	工行××分行		开户银行	工行××分行

人民币（大写）肆万元整	千	百	十	万	千	百	十	元	角	分
			¥	4	0	0	0	0	0	0
票据种类：转支	持票人开户行盖章									

中国工商银行北大街支行 2014年12月14日 转讫

【业务分析】14日，职工食堂周末对外承接宴席，取得收入40 000元。银行存款收讫。

【会计分录】

借：银行存款　　40 000

　贷：经营收入　　40 000

业务16

【原始凭证1】财政授权支付凭证见表8-32。

表8-32　财政授权支付凭证（回单）4

2014年12月14日　　NO:

付款人	全称	环保测试中心	收款人	全称	
	账号	611301015018150008383		账号	
	开户银行	工行××分行		开户银行	
	汇出地点	××市		汇入地点	
支付金额	人民币：（大写）肆万柒仟元整			金额（小写）	¥47 000.00
一级预算单位名称		支付密码			
基层预算单位名称					
资金性质		结算方式		功能分类科目	类
资金用途					款
					项
上述款项已办理 银行盖章： 年　月　日 经办人：		备注：			

中国工商银行北大街支行 2014年12月14日 转讫

此联作付款行给付款人的回单

【原始凭证2】中国工商银行转账支票存根见表8-33。

表8-33　**中国工商银行　转账支票存根**

Ⅶ Ⅵ010007

科　　目：	
对方科目：	
出票日期：	2014年12月14日
收 款 人：	职工
金　　额：	￥47 000.00
用　　途：	会议费
单位主管：	石建　　会计：王娟

【原始凭证3】××市地方税务局通用机打发票见表8-34。

表8-34　**××市地方税务局通用机打发票**

发 票 联

发票代码 22683316782962

发票号码 22833162

开票时间：2014-12-14　　行业分类：服务业　　机打号码 00100003

起止时间：2014-12-12---2014-12-14					校验码：7697005	
付款方名称：环保测试中心						
项目	开具内容	单位	数量	单价	金额	备注
	住宿费				32 000.00	
	食宿费				10 000.00	
	会议费				5 000.00	
合计金额（大写）：人民币肆万柒千元整 ￥47 000.00						
收款方名称：					开票人：李艳	

【业务分析】14日，从零余额账户支付创新大会会议费47 000元。

【会计分录】

借：事业支出——项目支出——财政补助支出（创新大会）　47 000

　贷：零余额账户用款额度　47 000

业务17

【原始凭证1】中国工商银行进账单见表8-35。

【原始凭证2】××市行非税收入收费统一收据见表8-36。

表8-35 ICBC 中国工商银行进账单（收账通知） 1

2014年12月14日 第×××号

<table>
<tr><td rowspan="3">持票人</td><td>全 称</td><td>环保测试中心</td><td rowspan="3">出票人</td><td>全 称</td><td colspan="10">卓成公司</td></tr>
<tr><td>账 号</td><td>611301015018150008383</td><td>账 号</td><td colspan="10">9376××××289</td></tr>
<tr><td>开户银行</td><td>工行××分行</td><td>开户银行</td><td colspan="10">工行××分行</td></tr>
<tr><td colspan="5" rowspan="2">人民币（大写）贰仟元整</td><td>千</td><td>百</td><td>十</td><td>万</td><td>千</td><td>百</td><td>十</td><td>元</td><td>角</td><td>分</td></tr>
<tr><td></td><td></td><td></td><td>￥</td><td>2</td><td>0</td><td>0</td><td>0</td><td>0</td><td>0</td></tr>
<tr><td colspan="2">票据种类</td><td colspan="3">转支</td><td colspan="10">持票人开户行盖章</td></tr>
</table>

（印章：中国工商银行北大街支行 2014年12月14日 转讫）

表8-36 ××市行非税收入收费统一收据 3782121

缴款单位（人）：卓成公司 时间：2014年12月14日

收费项目	单位	单价	数量	金额
环境检测费				2 000.00
合计人民币(大写)	贰仟元整			￥2 000.00
备注：				

（印章：环保测试中心 610112756801592 发票专用章；中国工商银行北大街支行 2014年12月14日 收讫）

收费单位(盖章) 开票：×× 收款人：

注：无收费单位盖章无效 ××市财政局印

【业务分析】14日，收卓成公司环境检测费2 000元，银行存款收讫。

【会计分录】

借：银行存款 2 000

　　贷：应缴财政专户款——检测费 2 000

业务18

【原始凭证】××市商业企业专用发票见表8-37。

表 8-37

××市商业企业专用发票

发 票 联

发票代码 22683316782962

发票号码 22833162

客户名称：环保测试中心　　2014 年 12 月 15 日

品名（项目）	单位	数量	单价	金额							
				十	万	千	百	十	元	角	分
冰柜修理费							3	0	0	0	0
合计											
合计金额(大写) 人民币叁佰元整						¥	3	0	0	0	0

单位盖章：　　复核：　　制单：李景春

【业务分析】15 日，以现金支付职工食堂冰柜修理费 300 元。

【会计分录】

借：经营支出　　300

　贷：库存现金　　300

业务 19

【原始凭证 1】××非税收入收款票据见表 8-38。

表 8-38

××非税收入收款票据

缴款人：红星造纸厂　　2014 年 12 月 15 日　　NO：×××

征收项目	数量	单位	单价	金额								
				百	十	万	千	百	十	元	角	分
						1	0	0	0	0	0	0
金额合计（大写）：人民币壹万元整					¥	1	0	0	0	0	0	0
备注：												

执收单位：　　开票：许伟　　收款：周兰

【原始凭证 2】中国工商银行进账单见表 8-39。

表 8-39 ICBC 中国工商银行进账单 (收账通知) 3

2014 年 12 月 15 日　　第×××号

持票人	全 称	环保测试中心	出票人	全 称	红星造纸厂
	账 号	6113010150181500083 83		账 号	9376××××389
	开户银行	工行××分行		开户银行	工行××分行

人民币（大写）	千	百	十	万	千	百	十	元	角	分
壹万元整			¥	1	0	0	0	0	0	0

票据种类		中国工商银行北大街支行 2014年12月15日 转讫
票据张数		
单位主管：　会计：　复核：　记账：		持票人开户行盖章

此联是持票人开户银行交给持票人的收账通知

【业务分析】15 日，红星造纸厂废水污染环境，按规定收取罚款 10 000 元。银行存款收讫。

【会计分录】

借：银行存款　　10 000

　贷：应缴国库款——罚款　　10 000

业务 20

【原始凭证】中国工商银行进账单见表 8-40。

表 8-40 ICBC 中国工商银行进账单 (收账通知) 3

2014 年 12 月 15 日　　第×××号

持票人	全 称	环保测试中心	出票人	全 称	××市科技局
	账 号	6113010150181500083 83		账 号	9376××××489
	开户银行	工行××分行		开户银行	工行××分行

人民币（大写）	千	百	十	万	千	百	十	元	角	分
捌万元整			¥	8	0	0	0	0	0	0

票据种类		中国工商银行北大街支行 2014年12月15日 转讫
票据张数		
单位主管：　会计：　复核：　记账：		持票人开户行盖章

此联是持票人开户银行交给持票人的收账通知

【业务分析】15日，市科技局下拨专用检测设备购置费80 000元，银行存款收讫。

【会计分录】

借：银行存款　　80 000

　贷：上级补助收入——项目收入（检测设备）　　80 000

业务21

【原始凭证1】财政授权支付凭证见表8-41。

表8-41　财政授权支付凭证（回单）4

2014年12月15日　　NO:

付款人	全　称	环保测试中心	收款人	全　称	
	账　号	611301015018150008383		账　号	
	开户银行	工行××分行		开户银行	
	汇出地点	××市		汇入地点	

支付金额	人民币（大写）：肆万陆仟元整	金额（小写）
		¥46 000.00

一级预算单位名称		支付密码			
基层预算单位名称					
资金性质		结算方式		功能分类科目	类
资金用途					款
					项

上述款项已办理 银行盖章： 年　月　日 经办人：	备注：

中国工商银行北大街支行 2014年12月15日 转讫

此联作付款行给付款人的回单

【原始凭证2】中国工商银行转账支票存根见表8-42。

表8-42 **中国工商银行 转账支票存根**

ⅦⅥ010008

科　　目：

对方科目：

出票日期：2014年12月15日

收 款 人：前进建筑队

金　　额：¥46 000.00

用　　途：工程款

单位主管：石建　　会计：王娟

【原始凭证3】施工队工料费清单（略）。

【业务分析】15日，按机房修缮进度，支付施工队工料费共计46 000元，零余额账户支付。

【会计分录】

借：在建工程——机房修缮　　46 000

　贷：非流动资产基金——在建工程　　46 000

借：事业支出——项目支出——财政补助支出（机房修缮）　　46 000

　贷：零余额账户用款额度　　46 000

业务22

【原始凭证1】××市市级单位政府采购项目实施申请审批表见表8-43。

表8-43 **××市市级单位政府采购项目实施申请审批表**

<table>
<tr><td colspan="2">项目名称</td><td colspan="7">检测设备</td></tr>
<tr><td colspan="2">采购单位</td><td colspan="2">环保测试中心</td><td>联系人</td><td>张一</td><td>电话</td><td colspan="2">029-88881234</td></tr>
<tr><td colspan="2">采购组织形式</td><td colspan="2">分散采购</td><td colspan="2">批复采购方式</td><td colspan="3">其他</td></tr>
<tr><td rowspan="5">采购单位采购意见</td><td colspan="8">市财政局：
经你局市财采计[2014]307X号批准同意我单位采购下列项目，核定采购限额70 000元（其中预算外及自筹0元），现将有关采购方案，详细技术参数及要求一同附上，我单位需在12月31日前完成此项工作，请按市政府采购有关规定尽快实施采购。</td></tr>
<tr><td>序号</td><td>项目明细</td><td>品目名称</td><td>规格技术参数</td><td>单位</td><td>市场参考价</td><td>数量</td><td>金额</td></tr>
<tr><td>1</td><td>检测设备</td><td></td><td></td><td>台</td><td>64 957.26</td><td>1</td><td>64 957.26</td></tr>
<tr><td>2</td><td></td><td></td><td></td><td></td><td></td><td></td><td></td></tr>
<tr><td>合计</td><td></td><td></td><td></td><td></td><td></td><td></td><td></td></tr>
<tr><td colspan="9"></td></tr>
</table>

【原始凭证2】××省增值税专用发票见表8-44。

表8-44

××省增值税专用发票　№02535395　6100141140

发票联　02535395

（全国统一发票监制章　国家税务总局监制）

6100141146　　开票日期：2014年12月16日

购买方	名　　称：环保测试中心 纳税人识别号：212345678 地 址、电 话：××市××路888号 开户行及账号：中国银行××分行　9376×××289				密码区	68688+2>07202<3->3249/34> 1///8/+032*</196742-255//>+ >66/292793/-93268>5>3*>2279 /34>1449>4+27+2+*116742/365		
货物或应税劳务、服务名称	规格型号	单位	数量	单价	金额	税率	税额	
检测设备		台	1	64 957.26	64 957.26	17%	11 042.74	
合　计					￥64 957.26		￥11 042.74	
价税合计（大写）	⊗柒万陆仟元整					（小写）￥76 000.00		
销售方	名　　称：××商贸公司 纳税人识别号：610113657965765 地 址、电 话：××市××区小寨东路23号　029-854445285 开户行及账号：××银行建设东路支行　507011580000023722				备注	（××商贸公司　610113657965765　发票专用章）		

收款人：张艺　　复核：李瑶　　开票人：张妮　　销售方：（章）

税总函〔2014〕10号××印钞有限公司

第三联：发票联　购买方记账凭证

【原始凭证3】××省国家税务局通用机打发票见表8-45。

表8-45

××省国家税务局通用机打发票

610184663160515　　发票联

（全国统一发票监制章　国家税务总局监制）

开票日期：2014-12-16　行业分类：交通运输、仓储和邮政业　发票代码：161001512301

发票号码：00016876

受票单位（人）	名称：环保测试中心			纳税人识别号：212345678		
	地址：××市			查询号：527307105505		
货物或应税劳务名称	规格型号	计量单位	数量	单价	金额	
货运代理		次	1		200.00	
合计（大写）：贰佰元整			￥200.00			
备注：239803408						
开票单位	名称：××志成德邦物流有限公司			纳税人识别号：610184663160515		
	地址、电话：××市××区新光村第二组惠达物流有限公司临街门面房39号商铺，89119022			开户银行及账号：农行徐家湾分理处，26116001040001538		
开票人：朱小静						

（××志成德邦物流有限公司　610184663160515　发票专用章）

第一联　发票联

（手开无效）

【原始凭证4】中国工商银行转账支票存根见表8-46。

表8-46

中国工商银行　转账支票存根

Ⅶ Ⅵ 010009

科　　目：
对方科目：
出票日期：2014年12月16日
收 款 人：××商贸公司
金　　额：￥76 200.00
用　　途：专用检测设备
单位主管：石建　　会计：王娟

【业务分析】16日，购专用检测设备一套，价值64 957.26元、增值税11 042.74元、运杂费200元，以银行存款支付。

【会计分录】

借：固定资产——检测设备　65 157.26
　　应缴税费——应缴增值税（进项税额）　11 042.74
　贷：非流动资产基金——固定资产　76 200
借：事业支出——项目支出——非财政补助支出（检测设备）　76 200
　贷：银行存款　76 200

业务23

【原始凭证1】中国工商银行转账支票存根见表8-47。

表8-47

中国工商银行　转账支票存根

Ⅶ Ⅵ 010010

科　　目：
对方科目：
出票日期：2014年12月16日
收 款 人：×××
金　　额：￥14 000.00
用　　途：劳务费
单位主管：石建　　会计：王娟

【原始凭证2】聘用人员劳务费表见表8-48。

表 8-48

聘用人员劳务费表

2014年12月16日

行次	姓名	级别	劳务费	合计
1	韩红		2 390	2 390
2	李建		2 560	2 560
3	王芳		3 100	3 100
	⋮			
合　计				14 000

单位主管：石建　　审核人：张强　　制表：李娜

【业务分析】16日，以银行存款支付临时聘用人员劳务费14 000元。

【会计分录】

借：事业支出——基本支出（其他资金支出）　14 000

　贷：银行存款　14 000

业务24

【原始凭证1】财政授权支付凭证见表8-49。

表 8-49

财政授权支付凭证（回单）4

2014年12月17日　　NO:

<table>
<tr><td rowspan="4">付款人</td><td>全　称</td><td>环保测试中心</td><td rowspan="4">收款人</td><td>全　称</td><td colspan="3"></td></tr>
<tr><td>账　号</td><td>6113010150181500083 83</td><td>账　号</td><td colspan="3"></td></tr>
<tr><td>开户银行</td><td>工行××分行</td><td>开户银行</td><td colspan="3"></td></tr>
<tr><td>汇出地点</td><td>××市</td><td>汇入地点</td><td colspan="3"></td></tr>
<tr><td rowspan="2">支付金额</td><td colspan="5" rowspan="2">人民币：（大写）陆仟陆佰伍拾元整</td><td colspan="2">金额（小写）</td></tr>
<tr><td colspan="2">¥6 650.00</td></tr>
<tr><td colspan="2">一级预算单位名称</td><td colspan="2"></td><td colspan="2">支付密码</td><td colspan="2"></td></tr>
<tr><td colspan="2">基层预算单位名称</td><td colspan="6"></td></tr>
<tr><td colspan="2">资金性质</td><td></td><td>结算方式</td><td></td><td rowspan="3">功能分类科目</td><td>类</td><td></td></tr>
<tr><td colspan="2" rowspan="2">资金用途</td><td colspan="3" rowspan="2"></td><td>款</td><td></td></tr>
<tr><td>项</td><td></td></tr>
<tr><td colspan="3">上述款项已办理
中国工商银行北大街支行
2014年12月17日
转讫</td><td colspan="5" rowspan="2">备注：</td></tr>
<tr><td colspan="3">银行盖章：
年　月　日
经办人：</td></tr>
</table>

此联作付款行给付款人的回单

【原始凭证2】中国工商银行转账支票存根见表8-50。

表8-50 中国工商银行 转账支票存根

Ⅶ Ⅵ 010011

科　　目：

对方科目：

出票日期：2014年12月17日

收 款 人：×××

金　　额：￥6 650.00

用　　途：汽车保险费

单位主管：石建　　会计：王娟

【原始凭证3】汽车保险费缴费凭单（略）。

【业务分析】17日，从零余额账户支付汽车保险费6 650元。

【会计分录】

借：事业支出——基本支出（财政补助支出）　6 650

　贷：零余额账户用款额度　6 650

业务25

【原始凭证1】中国工商银行进账单见表8-51。

表8-51 ICBC 中国工商银行进账单 (收账通知) 3

2014年12月17日　　第×××号

持票人	全称	环保测试中心	出票人	全称	阳光企业
	账号	611301015018150008383		账号	9376××××689
	开户银行	工行××分行		开户银行	工行××分行

人民币（大写）	千	百	十	万	千	百	十	元	角	分
伍拾万元整		￥	5	0	0	0	0	0	0	0

票据种类		持票人开户行盖章
票据张数		
单位主管：　会计：　复核：　记账：		

此联是持票人开户银行交给持票人的收账通知

【原始凭证2】××市行政事业性收费统一收据见表8-52。

表8-52 ××市行政事业性收费统一收据

378226

缴款单位（人）：阳光企业 时间：2014年12月17日

收费项目	单位	单价	数量	金额
阳光企业捐赠收入				500 000
合计人民币(大写)	伍拾万元整			¥500 000.00
备注：				

环保测试中心 610112756801592 发票专用章

收费单位（盖章） 开票：×× 收款人：

注：无收费单位盖章无效 ××市财政局印

【原始凭证3】捐赠协议（略）。

【业务分析】17日，阳光企业捐赠给单位500 000元，专门用于优秀环保企业的奖励基金，银行存款收讫。

【会计分录】

借：银行存款 500 000

　贷：其他收入——捐赠收入（环保奖励基金） 500 000

业务26

【原始凭证】环保测试中心固定资产折旧计算表（12月）见表8-53。

表8-53 环保测试中心固定资产折旧计算表（12月）

序号	固定资产名称	账面原值（元）	折旧年限（行驶里程）	月折旧额
1	房屋	1 920 000	50年	3 200
2	办公家具	72 000	5年	1 200
3	办公设备	...	5年	…
4	专项设备	…	5年	…
5	汽车	…	10年	…
	合计			6 400

单位主管：石建 审核人：张强 制表：王娟

【业务分析】17日，计提本月固定资产折旧6 400元。

【会计分录】

借：非流动资产基金——固定资产 6 400

　贷：累计折旧 6 400

业务27

【原始凭证】环保测试中心无形资产摊销计算表（12月）见表8-54。

表 8-54 环保测试中心无形资产摊销计算表（12月）

序号	无形资产名称	账面原值（元）	摊销年限	月折旧额
1	专利权	342 000	15年	1 900
2	专利技术	144 000	10年	1 200
	合计			3 100

单位主管：石建　　审核人：张强　　制表：王娟

【业务分析】17日，计提本月无形资产摊销额3 100元。

【会计分录】

借：非流动资产基金——无形资产　　3 100

　贷：累计摊销　　3 100

业务28

【原始凭证1】中国工商银行转账支票存根见表8-55。

表 8-55 中国工商银行　转账支票存根

ⅦⅥ010012

科　　目：

对方科目：

出票日期：2014年12月17日

收 款 人：×××

金　　额：¥3 400.00

用　　途：王萌汇款

单位主管：石建　　会计：王娟

（印章：环保测试中心 财务专用章）

【原始凭证2】财政授权支付凭证见表8-56。

表 8-56 财政授权支付凭证（回单）4

2014年12月17日　　NO：

付款人	全　称	环保测试中心	收款人	全　称	
	账　号	611301015018150008383		账　号	
	开户银行	工行××分行		开户银行	
	汇出地点	××市		汇入地点	
支付金额	人民币：（大写）叁仟肆佰元整			金额（小写）	¥3 400
一级预算单位名称			支付密码		
基层预算单位名称					
资金性质		结算方式		功能分类科目	类
资金用途					款
					项
上述款项已办理 银行盖章： 年　月　日 经办人：			备注：		

此联作付款行给付款人的回

（印章：中国工商银行北大街支行 2014年12月17日 转讫）

【业务分析】17日，给在北京开会的职工王萌汇款3 400元，以零余额账户支付。

【会计分录】

借：其他应收款——王萌　　3 400

　贷：零余额账户用款额度　　3 400

业务29

【原始凭证1】关于对一通环保公司等十家优秀环保企业给予奖励的通知（略）。

【原始凭证2】中国工商银行支票转账存根见表8-57。

表8-57 中国工商银行　转账支票存根

ⅦⅥ010013

科　　目：	
对方科目：	
出票日期：	2014年12月20日
收 款 人：	×××
金　　额：	￥100 000.00
用　　途：	优秀环保企业奖金
单位主管：石建	会计：王娟

【业务分析】20日，向评选出的优秀环保企业颁发奖金100 000元，以银行存款支付。

【会计分录】

借：其他支出——奖励支出（环保奖励基金）　　100 000

　贷：银行存款　　100 000

业务30

【原始凭证1】固定资产报废申请书（略）。

【原始凭证2】领导班子会议记录（略）。

【业务分析】25日，单位报废一台无法使用的笔记本电脑，账面余额（即原值）为8 000元，已提折旧6 000元。根据单位资产管理部门的报废申请书和单位领导班子同意报废的会议纪要做账。将该台笔记本电脑转入待处置资产，并报上级部门申请报废。

【会计分录】

借：待处置资产损溢——笔记本电脑　　2 000

　　累计折旧　　6 000

　贷：固定资产——笔记本电脑　　8 000

业务31

【原始凭证】中国工商银行进账单见表8-58。

表8-58 ICBC 中国工商银行进账单 （收账通知） 3

2014年12月27日 第×××号

持票人	全 称	环保测试中心	出票人	全 称	市环保局
	账 号	611301015018150008383		账 号	9376××××689
	开户银行	工行××分行		开户银行	工行××分行
人民币（大写） 叁万元整				千百十万千百十元角分	¥3000000
票据种类				中国工商银行北大街支行 2014年12月27日 转讫	
票据张数					
单位主管： 会计： 复核： 记账：				持票人开户行盖章	

此联是持票人开户银行交给持票人的收账通知

【业务分析】27日，市环保局以自有资金下拨单位30 000元，弥补单位日常经费不足。银行存款收讫。

【会计分录】

借：银行存款 30 000

贷：上级补助收入——非项目收入 30 000

业务32

【原始凭证】××市行政事业性收费统一收据见表8-59。

表8-59 ××市行政事业性收费统一收据

378226

缴款单位（人）：环保测试中心 时间：2014年12月27日

收费项目	单位	单价	数量	金额
笔记本报废残值收入				400.00
合计人民币(大写)	肆佰元整			¥400.00
备注：				

收费单位（盖章） 环保测试中心 610112756801592 发票专用章 开票：许伟 收款人：王娟 现金付讫

注：无收费单位盖章无效 ××市财政局印

【业务分析】27日，经上级批准，笔记本电脑予以报废，取得残值收入400元，现金收讫。

【会计分录】

借：库存现金 400

　　贷：待处置资产损溢——笔记本电脑　　400

借：非流动资产基金——固定资产（笔记本电脑）　　2 000

　　贷：应缴国库款　　400

　　　　待处置资产损溢——笔记本电脑　　1 600

业务33

【原始凭证】存货盘点报告单见表8-60。

表8-60

存货盘点报告单

2014年12月30日

<table>
<tr><td rowspan="2">品名规格</td><td rowspan="2">单位</td><td rowspan="2">账面数量</td><td rowspan="2">实存数量</td><td colspan="2">盘盈</td><td colspan="2">盘亏</td><td rowspan="2">原因</td></tr>
<tr><td>数量</td><td>金额</td><td>数量</td><td>金额</td></tr>
<tr><td>电线</td><td>米</td><td>170</td><td>150</td><td></td><td></td><td>20</td><td>150</td><td>损毁</td></tr>
<tr><td rowspan="2">处理意见</td><td colspan="2">保管部门</td><td colspan="2">清查小组</td><td colspan="4">审批部门</td></tr>
<tr><td colspan="2">转入其他支出</td><td colspan="2">同意（签章）</td><td colspan="4"></td></tr>
</table>

单位主管：石建　　审核人：张强　　制表：王娟

【业务分析】30日存货盘点，盘亏电线150元。

【会计分录】

借：其他支出——资产处置损失　　150

　　贷：存货——电线　　150

业务34

【原始凭证】存款利息收入回单见表8-61。

表8-61　**存款利息收入回单**

<table>
<tr><td colspan="2">日期：2014年12月30日</td><td>业务类型：利息收入</td></tr>
<tr><td colspan="2">流水号：F52001002188543</td><td>收款账号：611301015018150008383</td></tr>
<tr><td>户名：环境监测中心</td><td>开户行：工行××分行</td><td>交易网点：工行××支行</td></tr>
<tr><td colspan="2">金额（大写）：人民币陆拾元整</td><td>金额(小写)：CNY60.00</td></tr>
<tr><td colspan="2">结息账号：611301015018150008383</td><td>结息方式：按季结息</td></tr>
<tr><td colspan="3">计息期间　20140930-20141230</td></tr>
<tr><td>计息积数　×××</td><td>利率 ×%</td><td>利息 1 030.00</td></tr>
<tr><td colspan="3">打印时间：2014年12月30日16时05分</td></tr>
</table>

【业务分析】30日，收到银行存款利息1 030元。

【会计分录】

借：银行存款　　1 030

　　贷：其他收入——非项目收入（利息收入）　　1 030

业务35

【原始凭证】固定资产盘点报告单见表8-62。

表8-62

固定资产盘点报告单

2014年12月30日

品名规格	单位	账面数量	实存数量	盘盈		盘亏		原因
				数量	金额	数量	金额	
刻录机	台	2	3	1				记录错误
处理意见	保管部门		清查小组			审批部门		
	转入固定资产，按照名义金额1元入账		同意（签章）					

单位主管：石建　　审核人：张强　　制表：王娟

【业务分析】30日，对固定资产进行盘点，盘盈一台刻录机，因找不出任何凭证或同类或类似刻录机的市场价格，所以只能按照名义金额入账。

【会计分录】

借：固定资产——刻录机　　1

　贷：非流动资产基金——固定资产　　1

业务36

【原始凭证1】中国工商银行转账支票存根见表8-63。

表8-63

中国工商银行　转账支票存根

ⅦⅥ010014

科　　目：

对方科目：

出票日期：2014年12月30日

收 款 人：×××财政局

金　　额：￥2 000.00

用　　途：检测费汇缴

单位主管：石建　　会计：王娟

【原始凭证2】中国工商银行进账单见表8-64。

表8-64 ICBC 中国工商银行进账单（回单）　4

2014年12月30日　　第×××号

持票人	全 称	×××市财政局	出票人	全 称	环保测试中心
	账 号	××××		账 号	6113010150181500083 83
	开户银行	工行××分行		开户银行	工行××分行
人民币（大写）	贰仟元整			千百十万千百十元角分	￥200000
票据种类				持票人开户行盖章	
票据张数					
单位主管：　会计：　复核：　记账：					

此联是持票人开户银行交给持票人的收账通知

【业务分析】30日，将本月收取的2 000元检测费上缴财政专户，银行存款支付。

【会计分录】

借：应缴财政专户款——检测费　　2 000

　贷：银行存款　　2 000

业务37

【原始凭证1】中国工商银行转账支票存根见表8-65。

表8-65　**中国工商银行　转账支票存根**

ⅦⅥ010015

科　　目：	
对方科目：	
出票日期：	2014年12月30日
收 款 人：	×××财政局
金　　额：	¥10 000.00
用　　途：	汇缴罚款
单位主管：石建	会计：王娟

（印章：环保测试中心 财务专用章）

【原始凭证2】中国工商银行进账单见表8-66。

表8-66　ICBC　**中国工商银行进账单　（收账通知）**　3

2014年12月30日　　第×××号

持票人	全　称	×××市财政局	出票人	全　称	环保测试中心
	账　号	××××		账　号	611301015018150008383
	开户银行	工行××分行		开户银行	工行××分行

人民币（大写）	千	百	十	万	千	百	十	元	角	分
壹万元整			¥	1	0	0	0	0	0	0

票据种类		持票人开户行盖章
票据张数		
单位主管：　会计：　复核：　记账：		

（印章：中国工商银行北大街支行 2014年12月30日 转讫）

此联是持票人开户银行交给持票人的收账通知

【业务分析】30日，将本月收取的10 000元罚款上缴国库，以银行存款支付。

【会计分录】

借：应缴国库款——罚款　　10 000

　贷：银行存款　　10 000

业务 38

【原始凭证 1】中国工商银行转账支票存根见表 8-67。

表 8-67 **中国工商银行 转账支票存根**

ⅦⅥ010016

科　　目：

对方科目：

出票日期：2014 年 12 月 30 日

收 款 人：×××财政局

金　　额：￥400.00

用　　途：资产处置收入

单位主管：石建　　会计：王娟

【原始凭证 2】中国工商银行进账单见表 8-68。

表 8-68 ICBC 中国工商银行进账单（回单） 4

2014 年 12 月 30 日　　第×××号

持票人	全称	×××市财政局	出票人	全称	环保测试中心
	账号	××××		账号	611301015018150008383
	开户银行	工行××分行		开户银行	工行××分行
人民币（大写）	肆佰元整			千百十万千百十元角分	￥40000
票据种类					
票据张数					
单位主管：　会计：　复核：　记账：				持票人开户行盖章	

中国工商银行北大街支行 2014年12月30日 转讫

此联是持票人开户银行交给持票人的收账通知

【业务分析】30 日，将本月收取的 400 元资产处置收入上缴国库，银行存款支付。

【会计分录】

借：应缴国库款——资产处置收入　　400

　贷：银行存款　　400

业务 39

【原始凭证】环保测试中心营业税计提表（12 月）见表 8-69。

表 8-69 **环保测试中心营业税计提表（12 月）**　　金额单位：元

序号	应纳营业税税额	税率	营业税
1	40 000	5%	2 000

单位主管：石建　　审核人：张强　　制表：王娟

【业务分析】30日，计提本月应缴营业税税额2 000元。按营业税税额的7%计提本月城市建设维护税140元，按营业税税额的3%计提本月教育费附加60元，按营业税税额的2%计提本月地方教育费附加40元。

【会计分录】

借：经营支出　2 240

　贷：应缴税费——应缴营业税　2 000

　　　　　　——应缴城市建设维护税　140

　　　　　　——应缴教育费附加　60

　　　　　　——应缴地方教育费附加　40

40-50笔业务均为期末转账业务，不需原始凭证。

业务40

【业务分析】月末，将“财政补助收入——基本支出”科目余额161 820元进行结转，其中人员经费111 820元，日常公用经费50 000元。将“事业支出——基本支出（财政补助支出）”科目余额161 820元进行结转。

【会计分录】

借：财政补助收入——基本支出（人员经费）　111 820

　　　　　　　——基本支出（日常公用经费）　50 000

　贷：财政补助结转——基本支出结转　161 820

借：财政补助结转——基本支出结转　161 820

　贷：事业支出——基本支出（财政补助支出）　161 820

业务41

【业务分析】月末，将“财政补助收入——项目支出（机房修缮）”科目余额100 000元以及“事业支出——项目支出——财政补助支出（机房修缮）”科目余额66 000元分别进行结转。

【会计分录】

借：财政补助收入——项目支出（机房修缮）　100 000

　贷：财政补助结转——项目支出结转（机房修缮）　100 000

借：财政补助结转——项目支出结转（机房修缮）　66 000

　贷：事业支出——项目支出——财政补助支出（机房修缮）　66 000

业务42

【业务分析】月末，将“财政补助收入——项目支出（创新大会）”科目余额50 000元以及“事业支出——项目支出——财政补助支出（创新大会）”科目余额47 000元分别进行结转。

【会计分录】

借：财政补助收入——项目支出（创新大会） 50 000
　贷：财政补助结转——项目支出结转（创新大会） 50 000
借：财政补助结转——项目支出结转（创新大会） 47 000
　贷：事业支出——项目支出——财政补助支出（创新大会） 47 000

业务43

【业务分析】月末，将“事业收入——非项目收入”科目余额10 000元；“上级补助收入——非项目收入”科目余额30 000元；“其他收入——非项目收入”科目余额1 030元以及“事业支出——基本支出（非财政补助支出）”科目余额39 000元；“其他支出——基本支出（非财政补助支出）”科目余额150元分别进行结转。

【会计分录】

借：事业收入——非项目收入 10 000
　　上级补助收入——非项目收入 30 000
　　其他收入——非项目收入 1 030
　贷：事业结余 41 030
借：事业结余 39 150
　贷：事业支出——基本支出（非财政补助支出） 39 000
　　　其他支出——基本支出（非财政补助支出） 150

业务44

【业务分析】月末，将“上级补助收入——项目收入（检测设备）”科目余额80 000元；“其他收入——项目收入（环保奖励基金）”科目余额500 000元以及“事业支出——项目支出——非财政补助支出（检测设备）”科目余额76 200元；“其他支出——项目支出——非财政补助支出（环保奖励基金）”科目余额100 000元分别进行结转。

【会计分录】

借：上级补助收入——项目收入（检测设备） 80 000
　　其他收入——项目收入（环保奖励基金） 500 000
　贷：非财政补助结转——检测设备 80 000
　　　　　　　　　　——奖励基金 500 000
借：非财政补助结转——检测设备 76 200
　　　　　　　　　——环保奖励基金 100 000
　贷：事业支出——项目支出——非财补支出（检测设备） 76 200
　　　其他支出——项目支出——非财补支出（环保奖励基金） 100 000

业务 45

【业务分析】月末，将“经营收入”科目余额 40 000 元、“经营支出”科目余额 2 540 元分别进行结转。

【会计分录】

借：经营收入	40 000	
贷：经营结余		40 000
借：经营结余	2 540	
贷：经营支出		2 540

业务 46

【业务分析】年末，经对“财政补助结转——项目支出结转”科目进行分析，发现机房修缮项目尚未完工，所余资金第二年将继续用于机房修缮。故不再对该项目进行结转。而创新大会项目已经完成，所余的 3 000 元资金应当进行结转。

【会计分录】

借：财政补助结转——项目支出结转（创新大会）	3 000	
贷：财政补助结余——创新大会		3 000

业务 47

【业务分析】年末，将“事业结余”科目余额 1 880 元和“经营结余”科目余额 37 460 元分别进行结转。

【会计分录】

借：事业结余	1 880	
经营结余	37 460	
贷：非财政补助结余分配		39 340

业务 48

【业务分析】年末，按当年非财政补助结余的 20% 计提职工福利基金，计 7 868 元。

【会计分录】

借：非财政补助结余分配	7 868	
贷：专用基金——职工福利基金		7 868

业务 49

【业务分析】年末，将“非财政补助结余分配”科目余额 31 472 元转入“事业基金”科目。

【会计分录】

借：非财政补助结余分配	31 472	

贷：事业基金 31 472

业务50

【业务分析】年末，依据代理银行提供的对账单，对“零余额账户用款额度”科目所余金额402元进行额度注销。

【会计分录】

借：财政应返还额度——财政授权支付 402

贷：零余额账户用款额度 402

四、编制的财务报表

（一）资产负债表见表8-70。

表8-70 **资产负债表** 会事业01表

编制单位：环保测试中心 2014 年 12 月 31 日 单位：元

资产	期末余额	年初余额	负债和净资产	期末余额	年初余额
流动资产			流动负债		
货币资金	460 930	15 400	短期借款		
短期投资			应缴税费	2 240	
财政应返还额度	402		应缴国库款		
应收票据			应缴财政专户款		
应收账款	11 000	11 000	应付职工薪酬		
预付账款			应付票据		
其他应收款	9 298	500	应付账款	30 000	30 000
存货	37 510	9 860	预收账款		
其他流动资产			其他应付款	5 000	5 000
流动资产合计	519 140	36 760	其他流动负债		
非流动资产			流动负债合计	37 240	35 000
长期投资			非流动负债		
固定资产	5 308 421	5 448 120	长期借款		
固定资产原价	5 505 401	5 824 700	长期应付款		
减：累计折旧	196 980	376 580	非流动负债合计		
在建工程	286 000		负债合计	37 000	35 000
无形资产	280 300	283 400	净资产		
无形资产原价	372 000	372 000	事业基金	39 032	7 560
减：累计摊销	91 700	88 600	非流动资产基金	5 851 721	5 708 520
待处置资产损溢			专用基金	25 068	17 200
非流动资产合计	5 874 721	5 731 520	财政补助结转	34 000	
			财政补助结余	3 000	
			非财政补助结转	403 800	
			非财政补助结余		
			1.事业结余	1 880	
			2.经营结余	37 460	
			净资产合计	6 356 861	5 733 280
资产总计	6 393 861	5 768 280	负债和净资产总计	6 393 861	5 768 280

（二）收入支出表见表8-71。

表8-71

收入支出表

会事业02表

编制单位：环保测试中心　　2014　年　12　月　　单位：元

项　目	上年数	本年累计数
一、本期财政补助结转结余		37 000
财政补助收入		311 820
减：事业支出（财政补助支出）		274 820
二、本期事业结转结余		405 680
(一）事业类收入		621 030
1.事业收入		10 000
2.上级补助收入		110 000
3.附属单位上缴收入		0
4.其他收入		501 030
其中：捐赠收入		500 000
减：（二）事业类支出		215 350
1.事业支出（非财政补助支出）		115 200
2.上缴上级支出		0
3对附属单位补助支出		0
4.其他支出		100 150
三、本期经营结余		37 460
经营收入		40 000
减：经营支出		2 540
四、弥补以前年度亏损后的经营结余		37 460
五、本年非财政补助结转结余		443 140
减：非财政补助结转		403 800
六、本年非财政补助结余		39 340
减：应缴企业所得税		0
减：提取专用基金		7 868
七、转入事业基金		31 472

（三）财政补助收入支出表见表8-72。

表8-72 **财政补助收入支出表** 会事业03表

编制单位：环保测试中心 2014年12月 单位：元

项目	本年数	上年数
一、年初财政补助结转结余		
（一）基本支出结转		
1.人员经费		
2.日常公用经费		
（二）项目支出结转		
××项目		
（三）项目支出结余		
二、调整年初财政补助结转结余		
（一）基本支出结转		
1.人员经费		
2.日常公用经费		
（二）项目支出结转		
××项目		
（三）项目支出结余		
三、本年归集调入财政补助结转结余		
（一）基本支出结转		
1.人员经费		
2.日常公用经费		
（二）项目支出结转		
××项目		
（三）项目支出结余		
四、本年上缴财政补助结转结余		
（一）基本支出结转		
1.人员经费		
2.日常公用经费		
（二）项目支出结转		

续表

项　　目	本年数	上年数
××项目		
(三）项目支出结余		
五、本年财政补助收入	311 820	
(一）基本支出	161 820	
1.人员经费	124 670	
2.日常公用经费	37 150	
(二）项目支出	150 000	
机房修缮项目	100 000	
创新大会项目	50 000	
六、本年财政补助支出	274 820	
(一）基本支出	161 820	
1.人员经费	124 670	
2.日常公用经费	37 150	
(二）项目支出	113 000	
机房修缮项目	66 000	
创新大会项目	47 000	
七、年末财政补助结转结余	37 000	
(一）基本支出结转	0	
1.人员经费		
2.日常公用经费		
(二）项目支出结转	34 000	
机房修缮项目	34 000	
创新大会项目	0	
(三）项目支出结余	3 000	
创新大会项目	3 000	